国家"十一五"出版规划重点图书

西方著名法哲学家丛书（第二辑）

吕世伦　徐爱国 主编

韦　伯：

社会法学理论

王振东◎著

黑龙江大学出版社

HEILONGJIANG UNIVERSITY PRESS

图书在版编目(CIP)数据

韦伯:社会法学理论/王振东著. —— 哈尔滨:黑龙江
大学出版社,2010.4(2021.8重印)

(西方著名法哲学家丛书/吕世伦,徐爱国主编.第2辑)
ISBN978-7-81129-272-5

Ⅰ.①韦… Ⅱ.①王… Ⅲ.①韦伯,M.(1864~1920)-
社会法学-研究 Ⅳ.①D90

中国版本图书馆 CIP 数据核字(2010)第 063833 号

责任编辑:孟庆吉 国胜铁
封面设计:张 骏

韦伯:社会法学理论
WEIBO:SHEHUI FAXUE LILUN
王振东 著

出版发行	黑龙江大学出版社	
地 址	哈尔滨市南岗区学府路 74 号 邮编 150080	
电 话	0451-86608666	
经 销	新华书店	
印 刷	三河市春园印刷有限公司	
版 次	2010 年 5 月 第 1 版	
印 次	2022 年 1 月 第 2 次印刷	
开 本	880 mm×1230 mm 1/32	
印 张	7.75	
字 数	160 千字	
书 号	ISBN 978-7-81129-272-5	

定 价 39.00 元

总　序

　　人类的法律文化或法律文明,可以区分为法律制度和法律思想两大载体。法律是硬结构,法律思想是软结构。历史地看,它们共生并相互渗透和依存。比较而言,法律制度通常趋向于稳定和迟滞,而法律思想则显得敏锐和活泼。由于此缘故,一个时代的法律文化变迁,总不免表现为法律思想为先导,法律制度随之产生或变革。

　　中国为古老文明的大国,原本有自己独到的法律传统,也有自己的法律思维范式。临到清末,在西方列强的入侵和文化的冲击下,中国法律文化传统出现断裂,开始发生历史性的转型。早些时候,中国人学习日本,而日本的法律又来自于西方的德国。晚些时候又学习前苏联的法律,中国法律传统又增添了社会主义法律的色彩。这样一来,我们现今的法律同时是中国传统法律、西方自由主义法律和社会主义法律的混合体。反过来也可以说,我们的法律既欠缺中国传统,也欠缺东洋(日本)和西洋(欧美)的法律传统。法律职业者们所学和所用的是西方的法典,而要解决的则是中国社会本身的问题。

　　不可否认,近代以来的西方法律是摆脱人身依附关系及倡导民主与法治的先行者。因此,对它不应当亦不可能漠然对待,更不能简单地予以排斥。不过,在东西方有重大差异的法域,法律职业者生搬硬套西方的法律理念处理中国的问题,就意味着粗暴地对待了中国的社会。另一方面，当法律职业者们这样做的时候，又没有真正弄懂西方法律制度得以建立的法律理论，这又粗暴地对待了西方法律。中国学习西方法律已是历经百余年的不争事实。现今，法律制度的趋同化与各民族法律个性的减弱，是法律发展的一般模式。面对此种时代的大趋势，我们要做的不仅仅是要建立现代的法律体系，更重要和更深层次的在于弄清作为西方法律制度底蕴的法律思想。换言之，法律的研究和运用，只停留在法律制度的建立及相关资料的整理和解释上是远远不够的，而应该是法律规范与法律精神的统一。善于从法律制度中寻找法律的精神，从法哲学的抽象中探取法律实践所隐含的意义，才是中国法律职业者的共同任务。

从中西法律制度借鉴的角度看，我们更多地移植了西方的法律制度，而对西方法律精神则关注不足，主要表现在没有把握到西方法律的精髓。只有法律制度的引进，没有法律思想的参详，如同只有计算机的硬壳而无计算机的软件；没有法律的思想而实施法律的制度，那么法治的运行便成为无从谈起的问题。理解、消化和应用西方法律制度中所包含的法律理论，是我们继续和深化法律现代制度的紧迫任务。正是基于这样的考虑，我们决定编写一套西方法哲学家的学术传记丛书。

西方法律思想存在于西方法哲学家的脑子里，表现在他们各具特色的个人生活之中，物化于他们的法律著作之内。每个法哲学家的思想各不相同，但是同一时代的一批法学家则代表了那个时代的法律思想文明。同样，每个时代法学家的思想也各不相同，存在着主流与非主流甚至逆流的思想观点的交叉与对立。几千年西方法律思想家的理论传承，构成了西方法律思想史的全景。基于这样的认识，本套丛书的着眼点是法学家个体。通过每个法学家独特的经历、独特的思考和独特的理论，我们能够把握西方法律传统的精神和品质。

今天，我们正在建立和完善中国特色社会主义的法律体系。这首先就要求有充实而有效的中国特色社会主义法律理念。中国特色社会主义法律理念要在马克思主义法律观的指导下,广泛借鉴古今中外的法律精神遗产,尤其要"立足中国,借鉴西方"才能达成。

是为序。

吕世伦 徐爱国
2008 年 12 月

目　录

I

第一章　生平与著作

马克斯·韦伯(Karl Emil Maximilian Weber,1864—1920)，德国社会学泰斗,欧洲社会法学的主要创始人之一,他是来自于社会学一翼的社会法学家。

一、韦伯的少年时代

韦伯1864年4月21日出生于德国图林根的埃尔福特。

韦伯的祖父奥古斯特·韦伯是经营纺织厂的成功的资本家,按照马克斯·韦伯的夫人玛丽安妮·韦伯在其著名的《马克斯·韦伯传》中所说:"他给孙儿马克斯留下的印象是一个极为和蔼、慈善而高雅的老绅士,这个形象被马克斯保留在了那部关于资本主义精神的著作中。"①因此,韦伯一生都认为他的祖父和后来继承家族工厂的叔父达维德·韦伯是现代资本主义企业家的楷模。

韦伯的父亲老马克斯·韦伯(1836—1897)是位律师和保守的政治家,母亲海伦妮(1844—1919)出身教育世家,是位虔

---

① ［德］玛丽安妮·韦伯:《马克斯·韦伯传》,江苏人民出版社2002年版,第30页。

诚的基督教徒。

韦伯是家中的长子,1864年韦伯出生以后,父母以每两年一次的间隔为他带来了七个弟弟妹妹,这使韦伯在年幼时就有了作为"儿子和继承人"的感觉和"长子身份"的意识。不过,韦伯在刚出生时,却是一个难产儿,并且母亲没有乳汁喂养他。韦伯是靠一位社会民主党木匠的妻子的奶水养大的,所以,后来当韦伯的社会民主观发展到同他的祖上政治传统格格不入

玛丽安妮·韦伯《马克斯·韦伯传》一书中文版封面

时,家里人便开玩笑说:"马克斯是就着奶妈的乳汁吸进他的政治观点的。"

1866年,韦伯得了脑膜炎,这使他经常头痛,并且脑袋明显长大。当时,医生预言,要么脑积水,要么在拱起的头盖骨下面为极多的事情留下了空间。

1869年,韦伯随父母迁居柏林,由于父亲作为右翼自由党的政治活动家,经常出入柏林议会和帝国议会,并在家中广泛接触各界学术名流,因此,韦伯从小就得以认识当时德国思想界的重要人物,加之韦伯本人天资聪慧,使韦伯很早就打下了坚实的理论思维基础。

1870年,韦伯进入柏林一家私立学校德贝林学校学习。这时,韦伯儿时患脑膜炎的后遗症已经消失,但他仍然是一个羸弱瘦小的孩子,尤其是在体育课上,韦伯总是显得羞怯和笨拙。

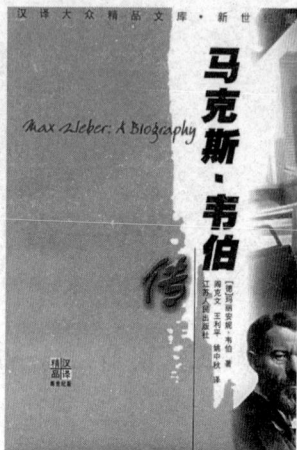

不过,他的功课却得心应手,韦伯特别喜欢历史和拉丁语两门课程,他对拉丁语的学习甚至到了痴迷的程度,如果有人听他用拉丁语背诵课文,他就会感到非常愉快,并且从来不会将单词弄混。

1872 年,韦伯转入奥古斯特大学预科学校。在这里,韦伯通读了许多史学著作和哲学著作,包括荷马、西塞罗、马基雅维利、斯宾诺莎、叔本华、康德等人的论著,甚至在由于"对老师有失尊敬"被惩罚期间,他还一本一本地阅读完了 40 卷《歌德全集》。这时,韦伯给自己定下的信条是:"懒惰就是罪恶。"

1877 年圣诞节期间,韦伯写出了可能是他最早的两篇论文,即《皇帝和教皇统治时期的德意志历史进程》和《从康斯坦丁到民族大迁徙时期的罗马帝国时代》。1879 年,韦伯又写成《关于印欧系日耳曼民族的民族特征、历史发展之考察》。此时,他为了读懂原版《旧约全书》,在证书班学习了希伯来文。

二、韦伯的大学时代

1882 年春天,韦伯参加了大学预科的毕业考试,在考试过程中,韦伯由于帮助朋友作弊招惹了很大的麻烦,但是,由于韦伯出众的知识水平,海德堡大学还是决定暂时容忍这个 18 岁的年轻人道德上的不成熟,于是,韦伯被海德堡大学正式录取。

像自己的父亲一样,韦伯进入海德堡大学后进入法学院攻读法律。这段时间,他主要钻研法学,也学习国民经济学、历史学、哲学和神学方面的东西。特别感兴趣的专业是古代晚期史、罗马法、近代商法和现代宪法理论。韦伯在后来的博士论文前言中谈道,在海德堡大学学习这段时间,他最爱听的课程是法理学(贝克尔 Immanuel Bekker、卡洛娃 Karlowa、海因茨 Heinze、舒尔茨 Schulze 等主讲),以及历史学和哲学等课程。

关于海德堡大学校长贝克尔教授的法理学课程,韦伯后来这样评论:"(他)提出了太多的争论和疑问,却很少给出有力的论点。在每一点上他都会说,制度的运转在这里是完全滞后的,法庭并没有进行明确的实践,文沙德是如何如何说的,耶林又是怎么怎么讲的,等等等等——但是,就是没有他自己的观点,这样的做法倒是很有助于人们去熟悉资料。如果在那些本应得出初步结论的问题上久拖不决,老是搪塞说那里还有严重分歧云云,这会使法律看上去要比实际状况更不稳定,而且还严重贬低了人们为法律的进化所付出的巨大努力。"①可见,大学时代的韦伯对于他非常尊敬的教授和特别喜欢的课程也是采取审视的态度,这正是韦伯后来能够成为一个伟大思想家必备的素质。

韦伯在大学期间对老古董教授克尼斯(Knies,1821—1898)讲授的极为枯燥的经济学课程非常不感兴趣,不过,韦伯通过经济学课程的学习,却掌握了这门课程的基本原理。

对于哲学类课程,韦伯在大学预科时就打下了良好基础,大学第一学期,韦伯打算通过听菲舍尔(Fischer,1824—1907)教授的逻辑课程来提高自己的哲学修养。在听课过程中,韦伯对菲舍尔教授自我炫耀的自负颇不以为然,尤其是当听到他讲授黑格尔哲学时,韦伯虽然消耗了很大精力,但是却越听越糊

---

① 转引自[德]玛丽安妮·韦伯:《马克斯·韦伯传》,江苏人民出版社2002年版,第78页。

涂,于是他说:"我恨这个人,他迫使我从早上六点一刻就从床上爬起来。"到了第二个学期,当韦伯终于对这个高深的学问入门时,他才不只是挑刺,而是懂得用欣赏的态度对待这门课程了。

1883年,韦伯去斯特拉斯堡服兵役一年,服役期间,韦伯拿到了下士军衔,这为以后韦伯炫耀自己曾经为皇家军队效力提供了事实。不过,韦伯并不喜欢军旅生活,就在服役期间,他也经常跑到斯特拉斯堡大学旁听姨夫鲍姆加滕教授的历史学课程,姨夫鲍姆加滕很快成为了韦伯政治上和知识上的良师益友,韦伯也因此遇到了他平生第一个心爱的姑娘——鲍姆加滕的女儿埃玛。

姨夫鲍姆加滕一家对韦伯的影响是巨大的。这除了韦伯与姨妹埃玛的初恋关系和姨夫鲍姆加滕教授的渊博学问令韦伯受益良多以外,姨妈的人格也对韦伯产生了重要影响。关于这一点,韦伯在多年以后姨妈去世时写给埃玛的信中有这样的记述:"你母亲也是我的第二位母亲,我最亲爱的朋友,你比任何人都更理解,我这样说是多么的真诚。如果没有我在斯特拉斯堡你们家里得到的不可磨灭的深刻印象和人格形成期的道德影响,如果没有这一切的后续作用,我甚至无法想象我今天的生活。如果没有它们,我今天所珍爱的一切可能就会开始土崩瓦解。在你母亲人格的影响下,我第一次学着模模糊糊地猜想,一个人除了履行外在职业中的责任,可能还有其他的事业和任务。只有到后来,当我的家庭环境使我领悟了之后,我才完全理解了这一点。她曾经告诉我多次,她的生活很艰难,这并不是表达一种悲哀,毋宁说,她是要表明她进行了一场有益的斗争。她的斗争并不是徒劳的。这一点将会在她儿女的众多朋友们中得到证实,他们全都聚精会神地感受过她在你们家中传播的严肃而纯真的气氛。"①

受鲍姆加滕夫妇的影响,韦伯开始把父亲看做是一个不道德的、享乐型的人物,这使父亲很恼火。1884年,父亲强令韦伯重返海德堡大学校园,20岁的韦伯不得不回到父母家里住了一年,韦伯认为从此他无拘无束、淋漓畅快的"年轻时代成为过去"。在海德堡大学,韦伯除了继续集中精力攻读法理学作为专业研究之外,重点选修了祁克(Gierke)、庇斯勒(Beseler)、格奈斯特(Gneist)等名教授的民法、国际法、德国宪法、德国法学史等课程。

随着韦伯年龄的增长和知识的增加,作为家中长子,韦伯对于弟弟妹妹们分外关心。

在大学的后半期,韦伯不仅自己勤奋学习,而且鼓励弟弟妹妹和他一起用功,并且关心着他们的青春期问题。他和小他四岁的大弟阿尔弗雷德尤其亲密。阿尔弗雷德喜欢听从被夸赞为早熟的哥哥的建议。年轻的弟弟也像韦伯一样有着深沉的灵魂,很早就立志为了一种精神的存在而奋斗。他有

马克斯·韦伯同他的两个弟弟

---

①　转引自[德]玛丽安妮·韦伯:《马克斯·韦伯传》,江苏人民出版社2002年版,第101页。

着多种多样的兴趣,由于他还生就了一些诗才,因而对于艺术问题的领悟力很强。他在不同的天分中选择最适当的发展方向时要比韦伯更为困难,为成为一个完整的人而进行的努力也更加艰苦。最初他曾研修艺术史,然后和韦伯一样涉足法理学和经济学。现存有关他们之间关系的最早的文件,是 20 岁的大学生韦伯在斯特拉斯堡期间写的一封长信。韦伯的长信耗费了不少心思,在信中,韦伯通过谈论宗教问题不仅对弟弟的头脑和成长关心和启发,而且通过这封信我们也可以看到,韦伯在大学时代的后半期已经开始具有思想家的潜在气质了。为了说明问题,下面把韦伯的这封信摘录于此:

亲爱的弟弟:

我今天的意图首先是对你最近的两封来信表示感谢,然后——也是主要的——作为哥哥与基督徒至少给你写几句话,谈谈你的生活中已经出现的这个重要转折点。我这样做是为了向你说明我是如何看待这重要一步的,以及在我看来它对正在迈出这一步的人有着什么样的意义。最后,我要就这一时刻向你致以最热烈的祝贺。

你对基督教教义已经很熟悉了,从古至今它们就在教会中得到遵奉和信仰。你不会注意不到,关于这些教义的真正含义和内在的重要性,在不同的人们中间有着多么巨大的差异,每个人都想按照自己的方式去解答这种宗教在我们头脑中形成的巨大谜语。和其他基督徒一样,你现在也要作为基督教共同体的一个成员去形成自己的看法。这是每个人都必须,而且每个人都会按照自己的方式加以解决的一项任务——不是一蹴而就,而是以多年的人生经历为基础。如今在完成这项你第一次面临的任务时,你将只对你自己、你的良心、你的头脑和你的灵魂负责。

我相信,基督教信仰的伟大就在于这一事实:它能够一视同仁地让每一个人得而信之,无论老人还是年轻人,幸福还是不幸的人,几乎有两千年了,人人都是这样理解的,至今还是这样理解,虽然理解的方式不同。这是我们这个时代一切伟大事物得以产生的主要基础之一。接踵而至的各个民族,他们实现的所有丰功伟绩,他们记载的伟大法律和规章,甚至科学以及所有伟大的人类观念,基本上都是在基督教的影响下发展起来的。在世界的记忆中,没有任何事物能像基督教的信仰和基督徒的博爱那样充实和鼓舞人们的思想与灵魂。你浏览的历史篇章越多,对这一点就会看得越清楚……

这就是你现在作为一个基督教共同体成员正在加入进去的人类共同体,你至少会在某种程度上意识到,通过你的确认,通过诵读信条,通过表达想被接纳进这个宏大的世界性兄弟会的愿望,你已经使自己承担了某些权利和义务。你会像我一样越来越清楚地意识到这一点。作为一个基督教共同体的成员,你要为全体人类的发展承担自己那份权利和义务。迟早我们每个人都会认识到,给自己确定这种义务和任务并竭尽全力去完成它,这是获得个人幸福必不可少的先决条件。

如果我们越早认识到，我们的满足感和内心的宁静不
可避免地取决于努力完成这种义务，如果我们越早有
了这种快乐的感觉——我们作为一项伟大工程的合作
者置身于这个美妙的世界，这对我们就越好。最后我
想表达这样的希望：你在越来越清楚地认识到真正基
督徒的正果——给父母以快乐，给自己以宁静。①

从这封长信中可以看出，韦伯在大学时代的后半期，已经
开始初步地从历史而不是从宗教信仰的角度回答与他自身的
存在有关的理性问题，这个问题使每一个思想丰富的年轻人都
会感到困惑。他在信中提出的基督教的文化意义，以及每个个
人对全体人类的义务等诸多问题，都使我们感到，韦伯为后来
成为一个伟大的思想家而迈出了扎实的一步。

1885 年至 1886 年之交，韦伯转入哥廷根大学就读，韦伯在
哥廷根大学度过了大学时代的最后一个学期。在这段时间，韦
伯继续严格遵守着工作日程，他把整个一天划分为若干部分用
于各门不同的课程，为了"节省"时间，晚饭就在自己房间里马
马虎虎亲自动手做四个煎蛋吃。他把白天的最后时光用来和
一位非常要好的朋友去溜冰，对于别的事情他都没有了兴趣，
无论是窗外冬日的欢闹还是春游。此时，韦伯还停止了一度痴
迷的击剑训练。即使在假期，他也不想到大自然中去休闲，而
是要满足自己的求知欲。他在自己的日记中曾经写道："北海
和大自然不会消失，以后还可以去享受，但时间却会流逝，这段

———————————

① 转引自［德］玛丽安妮·韦伯:《马克斯·韦伯传》,江苏人民出版社 2002
年版,第 117～118 页。

时间除了法理学以外我还有其他事情要忙。我并不打算把享受自然看做一种现代发明,我不是没有能力享受它,我肯定喜欢享受自然本身,但是我知道还有其他一些同样重要的享受,因为我会在今后享受自然,如果真正做完了这一堆艰苦的工作,我享受起来可能还会有过之而无不及,现在越来越难找到时间用于享受知识了……"这一切都表明,韦伯在大学毕业之前已经确定了自己的人生目标,一旦决定投入一种禁欲主义式的工作,韦伯就会放弃各种其他兴趣,而全神贯注于自己的目标。这时他第一次体会到了一种圆满"履行责任"的满足感。即使在家度假,他也不让自己分心。韦伯的母亲从韦伯的专心致志中看出了韦伯的近期目标:韦伯准备通过见习律师考试。此时,韦伯几乎把其他一切都推到了一边。早上在等他爸爸一起用餐时,他总是掏出袖珍本《海商法》或《交易法》聚精会神地读。不仅如此,韦伯还对节庆活动毫无兴趣,尤其是那种为青年男女安排的、耗费大量时间的舞会。显然,韦伯的自我克制力得到了极大的强化,这为他日后以近似清教徒的态度进行科学研究打下了坚实的基础。

三、职业准备与青年法学家

1886 年 5 月,韦伯参加了律师资格考试,因而迈出了更加接近独立的一步。他在 22 岁时就早已不适合再过学生生活了。完成学业之前不久他给母亲写信说:"这些岁月将一去不返了,这是非常肯定的,不过我感到,它们也应当结束了,我不会为此而遗憾的。"

韦伯在大学毕业以后,回到了家人中间,由于他还没有收入,此后便住在了家里,一住就是七年,直到结婚。从此,他在开始追求自己的全部目标之前,经历了漫长的六年职业准备时期。

韦伯拿到法律学位以后,除了作为一个见习律师(无薪实习生)忙碌以外,主要是继续他的研究,特别是在格尔德·施密特与迈岑的研究班。1888 年,韦伯在格尔德·施密特的指导下攻读博士学位,他的主要研究兴趣集中在经济和法律史的交叉领域。

1889 年,在施密特教授的指导下,韦伯的长篇博士论文《论中世纪贸易公司史》终于完成。这篇博士论文涉及到法律和经济史之间的广阔领域,这让韦伯感到了“极大的辛苦”,因为,韦伯极其认真地想把这篇论文写成一部名副其实的学术著作,韦伯的确做到了,甚至在他后来的社会学著作中也吸收了这篇论文的成果。韦伯后来谈到对这篇论文的写作时,对写作的辛苦仍然记忆犹新:“我不得不读了数百部意大利语和西班牙语法律汇编,开始我还不得不适当掌握这两种语言以便能够勉强读书,西班牙语尤其耗费时间。而且,绝大部分文献还是用那种讨厌的古代方言写的,真奇怪人们竟然能读得懂这些莫名其妙的东西!罢了,我已经尽力而为了,如果结局是得不偿失,那并不都是我的错,意大利和西班牙的城市议员们也难辞其咎,因为他们没有把我想找的东西用法律语言精确地说出来。”

韦伯的学位授予仪式很隆重。他首先考了七门法律科目,然后进行了一次公开辩论,辩论主持者是当时的学界泰斗级人物特奥多尔·蒙森、奥托·鲍姆加滕和瓦尔特·洛茨。洛茨留下了这样的叙述:“我们进行完之后,这时马克斯·韦伯已经驳倒了所有的对手并成功地为自己作了辩护,按照惯例,他需要用拉丁语询问听众中是否还有人能向他挑战。就在这时,一位像蜘蛛一样骨瘦如柴、满头极为平滑的白发、形象令人难忘的老先生站了起来。他就是特奥多尔·蒙森,这是我第一次在这样的场合见到他并聆听这位略显老态的学术泰斗的讲话。他说,他对第二个论题,即应试者关于殖民地和城市问题的陈述似乎有些意外,他对这些问题已经潜心研究了一生,要求应试者进一步澄清看法。于是,在蒙森和青年韦伯之间开始了一场广泛的讨论。蒙森最后说,他对韦伯论题的正确性并无完全的把握,但是他不想阻碍这位应试者的进步,并且退出抗辩。他说,年轻一代往往会提出一些新的观念,老一代可能无法立刻予以接受,今天这个情况大概就是如此。最后,令人尊敬的蒙森留下了一段意味深长的话:'当某一天我不得不走入坟墓时,尚无一人我愿对他说:孩子,拿着,这是我的矛,它越来越沉了,我拿不动了! 除了可敬的韦伯!'"①

1891 年,韦伯在迈岑(August Meitzen)教授的指导下,以《罗马农业史对公法和私法的意义》一文获得了在大学任教的资格。从 1892 年取得讲师资格开始,韦伯一边做柏林高级法院的律师,一边在柏林大学代替其导师格尔德·施密特讲授商业法和罗马法史两门课程。可以说,韦伯的真正职业生涯是从青年法学教师开始的,这段生涯虽然短暂,但由于韦伯的认真和天赋,他还是赢得了青年法学家的美誉。

---

① 转引自[德]迪尔克·克斯勒:《马克斯·韦伯的生平、著述及影响》,法律出版社 2000 年版,第 8 页。

四、经济学转向

1893 年,是韦伯事业和生活都面临重大转变的一年。首先,这一年,韦伯被授予柏林大学商法和德意志法教授资格。但到了同年 7 月 6 日,弗莱堡大学来函,聘请韦伯为政治经济学教授,韦伯经过权衡,最终接受了弗莱堡大学的邀请,担任该校的政治经济学教授,这反映出韦伯在学术上开始了他平生第一次由法学向政治经济学的重大转变。

其次,1893 年,也是韦伯生活的一个转折点。一方面,对他有重要影响的并受尊敬的姨夫鲍姆加滕去世;另一方面,韦伯把同昔日恋人埃玛的关系果断地变成了纯友谊关系,而同老韦伯的大外甥女玛丽安妮·施尼特格尔结婚。关于这种婚姻选择,后人有多种评论角度,我们这里只将韦伯当时写给玛丽安妮的信的部分内容摘录如下:

《经济通史》一书中文版封面

> 玛丽安妮,希望你能平静而镇定地读完这封信,因为我要告诉你一些你可能不打算听的事情。我想,你在认为我们就要断绝关系了,我要把你推进一个我自己曾经抛锚多年、不得不退缩其中的冷寂的港湾。但是事实并非如此。
>
> 首先,如果我们相知甚笃,我就无须告诉你,我决不敢像个免费赠品一样去向一个姑娘求婚。除非我受

到了完全是无条件的神意驱使,否则我没有权利去要求或接受它。我对你这样说是为了让你不至于误解下面的话。现在请你听好。

你知道,我认识你只有很短的时间,现在我已经明白,在许多方面你对我来说仍然是个谜。但是你并不了解我,你也不可能了解我。你不知道我费了多么大的气力来压制自然赋予我的那种基本感情,但是你可以问问我母亲。我很清楚,她对我的爱——我对此不得不保持沉默,因为我无法回报——乃是基于这一事实:我在道德上一直是她的问题孩子。这些年来,我的头脑中从没有产生过这样的想法,就是说,一个内心丰富的姑娘会接近我这刻板的天性。这就是我形同盲人的原因,即使碰到了你也是如此——但是我必须说出更为棘手的问题。你从我母亲那里已经了解到,六年前我和一位姑娘相识,我至今仍然认为她有着纯洁的灵魂,在某些方面和你很相似,有些地方则与你不同。但是你并不了解我还是一个半大孩子时就在同姑娘们的关系中承担了多重的责任。我自己也是后来才认识到的,这是一种毕生的责任。她比我更明白我的处境,这也是我后来才知道的。长期以来我始终拿不准我们的关系是不是已经结束。为了确定这一点,今年秋天我去了斯特拉斯堡。我去看望了她,音容依旧,却好像有一只看不见的手把她的形象从我内心深处抹掉了,向我走来的这个人不同于曾经驻在我心中的那个人,宛如来自另一个世界。为什么会这样,我不知道。我们分手了，我想，是永远。

　　后来，在圣诞期间，我听说医生无法找出她的沉疴的原因，便断定她仍然在暗恋。于是我徒劳地在我内心寻找这一问题的明确答案：如果我帮助她克服她对我的感情（假设存在这种感情的话），我有没有可能真的唤起她的希望？现在又有消息说，她已经开始康复，她自己也是这样认为，而我由于无法肯定使她的神经坚强起来的究竟是希望还是退缩，这让我备感沉重。无论如何，不管她是冰冷地放弃还是退缩，我都不可能接受。假如我必须为另一个人而活着，我也不可能对她麻木不仁。这就是我必须接受另一个姑娘能够给予我的幸福时去正视她的双眼、看到她满怀同情的原因，条件是假如那些偏见、沉闷的见习律师期间我那外在的绝望、还有我的犹豫不决不在其中作祟的话。但是这一天什么时候才能到来呢？我不知道。

　　现在我想问你，这些天来你是不是在内心里抛弃了我，或者是决心这样做，或者正要这样做。如果没有，那就太迟了，我们必定会相互承担义务，我将坚定地向你走去，不给你留什么余地。我要对你说：我将按照我必须走的，而且是你已经知道的那条道路走下去。你将和我一起走。它将通向哪里，它有多远，它会不会让我们志同道合，我都不知道。而且，尽管我现在很清楚你是个多么优秀、多么坚强、多么高傲的姑娘，但是你仍然可能屈服，因为你和我共同生活就不仅要肩负你自己的担子，还有我的，你还没有习惯于这样的做法。因此,这是对我们两个人的考验。

　　但是我相信,我知道你会如何决定。澎湃的激情正在高涨,而我们周围却一片黑暗——我高贵的同伴,跟我走吧,走出寂静的港湾,驶入浩瀚的大洋,那里的人们在灵魂的奋斗中成长,昙花一现的东西将被抛弃。但是要记住:当脚下波涛汹涌时,水手必须心明眼亮。我们决不应让我们的灵魂沉溺在含混的幻想和神秘的气氛中。当感情高涨时,你必须能够像舵手那样去驾驭它。如果你愿与我同行,就不必回信了。那样,在下次见到你时,我就会平静地握紧你的手,不至于在你面前垂下目光,你也是这样。生活正在向你迫近,你这被人误解的孩子。现在我要说的是,感谢你给我的生活带来的丰富内容,我非常惦念你。再说一遍:跟我走,我知道你会的。①

后来的结果证明,韦伯的婚姻选择,完全是建立在二人对知识和精神的志同道合的基础上,两人婚后性生活并不幸福,并且一直没有孩子。关于与韦伯的婚姻生活及其与韦伯的关系,在韦伯去世多年以后,晚年的玛丽安妮曾经回顾道:"生活给我提供了许多实现自我的机会,我求学若渴,乐此不疲,而且还能兼顾公共活动——马克斯·韦伯也对我在妇女运动中的工作给予了热情关注,并且无论出现什么困难,他都会提供豪爽的帮助——我的私生活与公共生活都是那么充实,因此,在生

---

　　① 参见[德]玛丽安妮·韦伯:《马克斯·韦伯传》,江苏人民出版社 2002 年版,第 203～206 页。

儿育女方面没有给那些不切实际的希望留出余地。正是这种充实感,给了我力量帮助马克斯·韦伯。"①这里,玛丽安妮所谓的帮助韦伯,是指在韦伯去世以后,玛丽安妮整理了大量的韦伯著作和写了韦伯传记。

让我们还是回到经济学转向时期的韦伯。1894 年,韦伯把家搬到了弗莱堡,以政治经济学教授的名义讲授国民经济学和财政学课程。这期间,韦伯除了每周授课 12 小时、指导两个研究班以外,他还经常帮助同事代课、作专题学术报告等。另外,出版商也催促他继续撰写证券交易的系列论文,有关农业工人状况的经济调查、土地政策等相关课题也都同步展开,这使韦伯的工作强度增加了不止一倍,他每天不得不工作到午夜 1 点,他曾经不止一次对妻子说:"如果我不干到夜里 1 点,我就当不了教授。"

从 1894 年下半年开始,韦伯结识了新康德主义的西南德国学派代表人物海因里希·里克尔特(Heinrich Rickert),受其影响,韦伯重点思考和研究了人文科学和自然科学相互分离的问题。

1895 年,韦伯在弗莱堡大学以"民族国家与经济政策"为题进行学术讲演,这次讲演在整个德国学术界引起轩然大波。在讲演中,韦伯不仅宣布了他的人生态度和政治学术信条,而且大量使用具有民族主义色彩的语句,明确有力地宣称他赞成现实政治和德国帝国主义,称自己是"经济民族主义者"。同

---

① [德]京特·罗特:《玛丽安妮·韦伯及其圈子》,转引自[德]玛丽安妮·韦伯:《马克斯·韦伯传》,江苏人民出版社 2002 年版,第 9 页。

时,韦伯在这次著名演讲中,还第一次使用了社会学上的范畴类型概念和实证调查数据来描述发展的政治性程序。

1896年,韦伯转到海德堡大学,接替政治经济学历史学派领导人之一克尼斯的教习,在该校讲授政治经济学。同时,他还以临时股票交易委员会联邦理事会通讯员和谷物贸易委员会成员的身份进行活动。这期间,他严厉批评股票交易法;参加创立当地的"民族社会主义者团体";参加"基督教福音派——社会大会党"第七届代表大会,并广泛接触社会知识名流,把自己在海德堡的家变成了当地知识界聚会的场所。

1897年至1900年期间,韦伯因精神崩溃,一度停止了著述和教学活动。

五、社会学的创立与社会法学家

按照韦伯夫人玛丽安妮·韦伯在《马克斯·韦伯传》中的说法,韦伯的思想和著述的发展经历了两大阶段。在韦伯精神崩溃之前是他创造力迸发的第一个时期,这一时期,韦伯的认知与表达欲望是直接针对现实本身的某些方面,也就是说,针对从政治经济学和政治角度来看具有重大意义的法律史与经济史的各种事件。他在这一时期的著作基本上就是体现一个青年史学家(法律史、经济史)的风貌,他如饥似渴地积累素材,深为某种已经消逝的生活所经历的发展与衰落过程而感动,而那种生活会在他的沉思中复活。他也同样关注他那个时代的政治与社会问题。他发现了德国农业人口统治方式与财产所有权的重大变化,并把自己的研究成果归到了一个民族国家的理想名下。他在这些理想的指引下去评价现状,总是根据这些现状来确定政治目标。研究者与政治家的成分在他那里相得益彰。韦伯对素材进行取舍的主导原则,首先是政治激情,然后是有利于体力劳动者的正义感,更进一步则是如下信念:重要的并不是人类幸福,而是自由与人的尊严,这是终极的最高价值,是任何人都可能得以实现的。基于此,韦伯在早年生活中就掌握了大量的事实,这使他能够自如地支配那些用之不竭的实证素材,以阐明科学和理论上的因果关系或者实际政治问题。

随着韦伯的康复,韦伯的思想和著述进入了第二个大的阶段或者说是一个新的时期,从时间上说,这个新的时期大致是从1902年开始的。经过反复的休养、旅行、康复,在经历了长期的严重危机之后,韦伯的创造性冲动在1902年指向了一个完全不同的知识领域。他从一个大学教师和政治家的活跃生活被迫转入了安安静静作研究的沉思气氛。不管这是出于外部原因还是由于内心的无奈,现在他以思想者的资格对现实作了让步,专心思考,专注于他那个学科的逻辑和经验问题。毫无疑问,这在一定程度上也是受到了外界的刺激。海德堡大学哲学系的同事为庆祝大学复校而准备出版一个纪念文集,要求韦伯为此撰稿,这让他感到了一种强人所难的味道。1902年春,他开始撰写第一篇关于方法论的论文《罗舍尔与克尼斯及国民经济学的基础》。这项研究的摊子越铺越大。它要耗费大量脑力,因而使这位仍在病中的学者不堪其苦,特别是因为事实证明不可能根据那个预期的目的而完成写作。跟其他几篇逻辑学论文一样,韦伯最终根本就没能完成它,因为新的课题又接踵而至。他的康复过程很慢,工作能力有好几年都起伏不定,而且他相信,自己需要不断的新鲜刺激来克服那种不知不觉间加重的抑郁感。只要他能投入工作就行,至于干什么以及能干成什么样,在他看来根本就无关紧要。

1903 年开始,韦伯将自己的学术重心转移到方法论研究和社会学研究。经过多年的思考,韦伯相信,用新康德主义的认识论和理论方法开头,他已经发现了一个使非自然主义倾向的、根基于方法论基础上的社会科学合乎理性化的途径。

由于精神方面原因和当教授的巨大压力,韦伯仍然害怕教书,害怕限期性的工作。1903 年 10 月,韦伯最终辞去了海德堡大学的教授职务,而成为应邀才讲课的荣誉教授。也就是在这一年,韦伯以《新教伦理与资本主义精神》一书为起点,开始了一系列社会学著作的创作。

1904 年,韦伯应邀到美国出席世界科学大会,利用这次旅行,韦伯考察了美国的官僚科层化、新教的派别、政治机器的组织方式及美国式的政治结构。同年,韦伯与埃德加·雅费(Edgar Jaffe)等一起,主编了《社会科学和社会政治文献》杂志,这本杂志后来成为德国社会科学界的领军杂志。韦伯在这本杂志上发表了反映他的科学观的《关于社会科学和社会政治的"客观性"》一文。这是一篇理论性的、批判性的和阐释性的作品,韦伯在文中对那些认为属于自然实证主义的或形而上学的理论持怀疑态度,并首次明确而清楚地提出"价值无涉"、"价值相关"和"理想类型"等概念。

在随后的几年里,韦伯将研究的重心转入社会学领域。他先后到祖父开的纺织厂进行专题调查,依据统计资料,写作和出版了两本书;与此同时,他为《社会科学袖珍词典》撰写"古代文明的农业社会学"部分的条文;为出版庞大的《社会经济学基础》一书做编辑顾问,韦伯撰写其中第三卷,这项研究工作一直持续很多年,直到韦伯去世以后,由其夫人玛丽安妮·韦伯根据韦伯留下的手稿,编辑出版了《经济与社会》一书。

由于韦伯的名声日隆,1908 年,在海德堡举行的国际哲学会议组成的海德堡人学会宣布吸收韦伯为会员,但韦伯对该学会的科学—政治联盟性质不感兴趣,而且,韦伯对一些头面人物拉大旗作虎皮,企图混入严肃的科研领域的行为极为愤慨,因此,他拒绝参加这一学会。这件事促使韦伯考虑筹备建立一个本着严格的科学态度从事研究工作的学术组织。1909 年 1 月 3 日,经过韦伯等人的努力,"德国社会学学会"终于在柏林创立,也就是在这一年,韦伯第一次正式称自己为社会学家了。

1909 年至 1914 年,发生了以"价值判断之争"的著名的旷日持久的论战。韦伯在这场论战中占有极其重要的地位,他的基本观点和中心思想是:不可能通过所谓科学的论证去证明(或证伪)一种政治观点。

从 1911 年开始,韦伯把主要精力放在了深入研究与中国、日本、印度、犹太及伊斯兰有关的宗教社会学上,随着研究的深入,他进而把研究的重点扩展到整个西方文明与非西方文明社会学层面的广泛领域。

1913 年,是韦伯取得成就的顶峰年,他为《社会经济学基础》撰写的书稿手稿主体部分,主要是商业和法社会学部分已经完成,音乐社会学也基本收尾。同时,他还以《解释社会学的几个范畴》为题,对社会学的一些基本理论进行了建构。

第一次世界大战爆发以后,韦伯对这场战争的看法是前后矛盾的,他一方面出于早年就形成的强烈的德意志民族主义,义无反顾地以预备役军官的身份到海德堡战地医院服役,并亲自组建了九个军事医院;另一方面,随着自己的亲弟弟、考古学教授卡尔·韦伯在战争中死亡,以及他以记者身份了解大量战争情况以后,特别是他在战争后期,参与德国修宪问题讨论,出版专门著作,而被划为"动摇祖国人心分子"以后,韦伯开始反对德国并吞波兰,并期待德国战败。

1918 年,韦伯接受维也纳大学邀请,在维也纳大学讲授"经济与社会暨唯物史观的实证批评"专题课程。1919 年,韦伯又把家搬到了慕尼黑,并接受了慕尼黑大学讲座教席,为其主讲"社会科学的一般范畴"课程。同时,韦伯的一些科研成果和著作也大量刊行。1920 年 6 月,一场世界性的西班牙流感肆虐,韦伯不幸染上肺炎,由于救治不及,6 月 14 日,一代学界名家,溘然长逝。

韦伯在 1918 年

总之,韦伯作为一个思想大家,其一生研究领域十分广泛,从传统到现代,从政治到经济,从哲学、法律到宗教,都有所涉及。当然,他以社会学家最为著名,但随着时间的推移,他对社会法学的重大贡献越来越被人们所认识。20 世纪中叶美国著名社会学家帕森斯(Talcott Parsons)在《马克斯·韦伯与我》一文中说:"和许多伟大的社会学家一样,韦伯的思想像一座宝矿,深邃奥秘,永远发掘不完。从这个角度来看,韦伯实在是我们社会学界一位不朽的思想家。"①英国社会法学者科特威尔认为:"由于韦伯对法的社会学分析所作的贡献是如此的丰富和详尽,以至于使他的学说至今还让人们叹为观止。他所阐述过的法律方面的问题和领域,在以后的论著中几乎无人敢涉足。"②

六、韦伯的著述

韦伯的著作浩如烟海。粗略统计,到目前为止,德文版著作主要有:

《论中世纪商业团体的历史》(Zur Geschichte der Handelsgesellschaften im Mitterlalter), Stuttgart:F. Enke,1889;

《罗马农业史及其对公法和私法的影响》(Die Romische Agrargeschichte in ihrer Bedeutung für das Staatsund Privatrecht), Stuttgart:F. Enke,1891;

《德国东部农业工人状况》(Die Verhaltnisse der landarbeiter im ostelbischen Deutschland),系《社会政策文集》(Sehriften des Vereinsfür Sozialpolitik)第 55 卷, Berlin:Duncker & Humblot, 1892;

《宗教社会学文集》(Gesammelte Aufsatze zur Religionssoziologie), Tübingen:J. C. B. Mohr,1920 ~ 1921,三卷本;

《政治论集》(Gesammelte Politische Schriften), München:

---

① [美]帕森斯:《马克斯·韦伯与我》,见 Robert K. Merton, Matilda White Riley 编,陈耀祖译:《美国社会学传统》,台北巨流图书公司 1987 年版,第 64 页。
② [英]科特威尔:《法律社会学导论》,华夏出版社 1989 年版,第 173 ~ 174 页。

Drei Masken Verlag,1921;

《学问论》(Gesammelte Aufsatze zur Wissenschaftslehre),
Tübingen:J. C. B. Mohr,1922;

《经济通史》(Wirtschaftsgeschichte),ed. S. Hellmann and M.
Palyi,München: Duncker & Humblot,1924;

《社会史与经济史文集》(Gesammelte Aufsatze zur Sozial -
und Wirtsschaftsgeschichte),Tübingen:J. C. B. Mohr,1924;

《社会学与社会政治文集》(Gesammelte Aufsatze zur Soziolo-
gie und Sozialpoliyik),Tübingen:J. C. B. Mohr,1924;

《经济与社会》(Wirtschaf und Gesellschaft),2nd ed. ,
Tübingen:J. C. B. Mohr,1925,两卷本;

《国家社会学》(Staatssoziologie),Berlin:Duncker & Hum-
blot,1956。

韦伯的英译本著作主要有:

《韦伯社会学论文选集》(简称《论文集》)(From Max We-
ber:Essays in Sociology),London:Oxford University Press,1946;

《社会和经济组织理论》(简称《理论》)(The Theory of So-
cial and Economic Organization),London:Oxford University Press.
1947;

《韦伯社会科学方法论》(简称《方法论》)(Max Weber on
the Methodology of the Social Science),Glencoe:The Free Press.
1949;

《经济通史》(General Economic History),Glencoe:The Free
Press,1950;

《古代文明衰落的社会原因》(The Social Causes of the Decay of Ancient Civilization），载于 Journal of General Education，第 5 卷，1950；

《中国的宗教：儒学与道教》（简称《中国的宗教》）（The Religion of China：Confucianism and Taoism），Glencoe：The Free Press. 1951；

《古代犹太教》（Ancient Judaism），Glencoe：The Free Press. 1952；

《韦伯论经济与社会中的法律》（简称《法律》）（Max Weber on Law in Economy and Society），Cambridge：Harvard University Press，1954；

《印度宗教：印度教和佛教社会学》（简称《印度宗教》）（The Religion of India：The Sociology of Hinduism and Buddhism），Glencoe：The Free Press，1958；

《城市》（The City），Glencoe：The Free Press，1958；

《音乐的理性基础和社会基础》（Rational and Social Foundations of Music），Carbondale：Southern Illinois University Press，1958；

《三种合法统治类型》（The Three Types of legitimate Rule），Berkeley Publications of Society and Institutions，第 4 卷，1958；

《新教伦理与资本主义精神》（简称《新教伦理》）（The Protestant Ethic and the Spirit of Capitalism），London：George Allen& Unwin，1930；New York：Charles Scribner's Sons，1958；

《经济与社会》（Economy and Society：An Outline of Interpretive Sociology），三卷本，New York：Bedminster Press，1968。

韦伯著作现已译成中文的主要有：

《新教伦理与资本主义精神》,三联书店1987年版;

《社会科学方法论》,中国人民大学出版社1996年版;

《经济与社会》(上、下卷),商务印书馆1997年版;

《论经济与社会中的法律》,中国大百科全书出版社1998年版;

《经济、诸社会领域及权力》,三联书店1998年版;

《韦伯作品集》中文版封面

《儒教与道教》,江苏人民出版社1995年版;商务印书馆,2002年版;

《韦伯作品集》,广西师范大学出版社2005年版。包括(Ⅰ)《学术与政治》;(Ⅱ)《经济与历史 支配的类型》;(Ⅲ)《支配社会学》;(Ⅳ)《经济行动与社会团体》;(Ⅴ)《中国的宗教 宗教与世界》;(Ⅵ)《非正当性的支配——城市的类型学》;(Ⅶ)《社会学的基本概念》;(Ⅷ)《宗教社会学》;(Ⅸ)《法律社会学》。

此外,《世界经济通史》等也都有中文译本。

第二章　社会法学方法论

一、韦伯社会法学方法论概述

　　韦伯的一生是以清教徒式的献身精神从事缜密的社会研究的一生，而在他对社会乃至社会中的包括法律现象在内的一切现象进行研究的过程中，其对所研究问题方法论的探究，既是韦伯整个社会法学思想的理论前提，同时，也构成了韦伯思考和关注社会的最重要方面之一。

　　从世界范围内来看，学者们关于对韦伯社会法学方法论的贡献存在两种截然不同的看法：少数学者认为，方法论问题在韦伯学术思想中所占的分量不大，韦伯在建立方法论方面并没有太大的学术抱负。如 Friedriek H. Tenbruck 认为，韦伯并没有野心成为一个方法论者，韦伯的一些论文并不是从原始方法论中产生的逻辑原理，而是作为一位专门学者，在他研究的领域遭遇危机，因而产生辅助性的方法论上的考虑，方法论在韦伯那里只是手段而非目的。

　　大多数学者，包括德国、美国、法国及我国台湾地区和大陆的绝大多数关注和研究韦伯的学者认为，韦伯已经发展出了完善的社会法学方法论，并且为未来方法论理论作出了巨大的奠基性贡献。韦伯有关方法论的论述，前后一贯，自成系统。从主观上说，建立社会科学的方法论框架，是韦伯的学术野心之一与主要兴趣之所在。从客观上说，韦伯事实上是现代社会科学包括社会法学的方法论之父。

　　本书作者赞同大多数韦伯研究者的意见，认为，韦伯作为社会法学的理论大师及欧洲乃至世界范围社会法学的最主要代表人物，他对法学方法论的关注是其整个社会法学理论的前提，他所创建和建构的社会法学方法论足以使他被称为"社会法学方法论之父"。

　　我们之所以要从这样的高度来理解方法论问题在韦伯思想当中的重要性，是因为：第一，方法论方面的论著在韦伯的著述中占有相当的比重。韦伯关于方法论的大多数论述不仅散见于各种刊物，而且，今天还能够见到韦伯比较完整有关社会法学方法论方面的论文集，这就是由其夫人玛丽安妮·韦伯在韦伯去世以后，于1922年编辑出版的《科学方法论文集》。第二，韦伯发展出了与当时盛行的实证主义方法论对峙的独特的方法论，构成了他的所谓"解释社会学"的基础。以至于在韦伯去世以后直到如今的所有以"解释"相标榜的各个社会科学门类的知名和不知名的学者都试图尊奉韦伯为"解释社会学之父"。

　　尽管韦伯的方法论体系思想博大，但其基本主张却可以归纳为这样几点：（1）社会学的研究，包括社会法学的研究，其目的在于解释或理解人的行为，而不是对该行为作价值判断；（2）"理想类型"是社会学分析包括社会法学分析的最佳手段，对于任何社会现象和人们的法律行为，通过建立理想类型的方法，就可以实现特殊性和一般性的统一；（3）法学和社会学研究中的价值中立性原则。对于这三点,我们在下面首先阐发韦伯方法论思想的理论来源的基础上,将通过韦伯理论当中经常使用的"解释"(或"理解")、"理想类型"和"无涉个人意念的价值判断"三个重要的概念做出详尽阐发。

二、韦伯社会法学方法论的思想理论来源

韦伯社会法学方法论思想具有独特意义,但是,它并不是凭空产生的。韦伯社会法学方法论思想从理论来源或者说韦伯社会法学方法论思想产生受到的影响至少有如下几个方面:

1. 德国本土古典哲学中的理性主义思维

韦伯的整个理论都是理性主义的,这在后面我们研究韦伯具体社会法学理论时会详加阐释。我们这里首先关注,为什么韦伯理论坚持理性主义?这除了同整个近代理性主义思潮兴起有关以外,同韦伯理论的方法论前提有重要关系。作为一位德国思想家,韦伯汲取了德国思想的传统,即从形而上的原则、范畴出发,以理性、除魅的方法研究思想和理念,最后用来解释形而下的具体现实。这种传统虽然发端于古代希腊哲学,但最为典型的是德国思想模式,这种模式主要是从康德开始,完成于黑格尔,他们的共同特点就是从抽象的原则、抽象的范畴出发,推出具体的结论。在康德那里,主要表现为从先天形式出发,整理后天的经验材料,从而形成科学知识。在黑格尔那里,主要表现为从绝对精神出发,经过自身的矛盾运动,不断地获取具体规定性,最后得出充满辩证法内容的具体真理,这也就是一个从抽象到具体的辩证发展的过程。

理性,在西方古代哲学中就已经出现,特别是在苏格拉底、

柏拉图以后就成了哲学中经常运用的一个基本范畴,其基本含义是指人的一种认识能力,到了近代,对理性的理解有所扩展,主要表现为:理性除了指人的认识能力以外,还用来指人的本质,如笛卡尔、康德等人都具有这样的思想。当笛卡尔说"我思故我在"时,主要是说明"我"之为我,主要是由于我具有思维能力,也即理性能力,人与动物的最根本的区别就在于人有理性。当康德强调"人是目的"时,这个"人"不是一般的人,即不是一般的自然人,而是指理性人,即具有理性本质的人,也就是把人的本质规定为理性。到了黑格尔时代,更是把理性的含义加以扩充,理性不仅是指人的认识能力,不仅是指人的本质,还是指世界的本质,世界发展的规律。正是在这样不断地扩展理性含义的基础上,到韦伯思想成熟时,理性这一哲学中的基本范畴已经非常丰满。

韦伯受到了德国理性主义传统的强烈影响,使得理性主义在韦伯方法论理论中具有理论先导的意义,可以说,韦伯是以理性作为自己社会法学方法论乃至整个思想的基础,韦伯思想中的核心范畴就是合理性。所谓合理性,主要就是指合乎理性,合乎理性所规定的发展规律,不论是社会这样一个系统,还是任何一个组织,其统治或管理都必须具有合理性。综观韦伯的整个思想,一方面,韦伯想要说明西方资本主义制度的合理性,这种合理性主要是通过新教伦理来实现的,是通过一种精神力量来加以保证的,因此,这种制度不仅是合法的,而且是合乎理性的,是最为理想的;另一方面,韦伯主要就是通过考察社会这样一个系统,来表述他对科学研究方法论的基本思想,即要形成建立在合理性基础上的一系列理论和模式。

韦伯把理性作为自己理论研究的基本方法论前提,在其整个著述当中是一贯的。这里仅以他的代表作之一《经济与社会》为例,我们只要翻开韦伯的《经济与社会》一书,就会发现,在《经济与社会》的第一章,韦伯主要提出并分析了一些基本的范畴、原则,如社会学和社会行为意向概念,社会行为的动机,社会关系,社会关系中的组织、团体以及政治团体等等。这里韦伯实际上是从形而上的范畴出发,逐步下降到形而下的具体组织。第二章也是按照这个模式进行研究的,通过这样的分析,我们可以清楚地看出韦伯的思想发展轨迹,就是遵循德国古典哲学的思维模式,从抽象到具体,从一般到个别,这种理论思维的模式,应该说是继承了德国古典哲学理想主义的思维模式。

2. 科学实证主义

科学实证主义是韦伯社会法学方法论思想的第二个前提来源。具体说,孔德所开创的实证主义间接地成为了韦伯社会法学方法论思想的前提。

以孔德为代表的实证主义对韦伯的方法论思想影响主要有两个方面:一是强调经验的重要性,强调经验是所有知识的来源;二是知识的客观性,强调一切知识都应具有客观性,社会科学知识也应具有客观性。

首先,科学实证主义强调经验是知识的来源。孔德所开创和确立的实证主义基本原则是:哲学应该满足于描述直接观察到现象的不变的先后关系和相似关系,满足于经验范围内的知识。这种现象中的"不变的先后关系和相似关系"就是指经验中的或感觉之间的某种"不变的先后关系和相似关系"。如两物摩擦后产生热,这是一种经验的"先后关系";两物摩擦和两手摩擦均产生热,这是一种经验的"相似关系"。科学的任务就是发现现象中的这种"不变的先后关系和相似关系",发现了这种关系,也就是发现了规律。因此,哲学要成为实证哲学必须和实证自然科学一样,满足于描述直接经验到的现象之间的不变的先后关系和相似关系,发现现象的规律。

韦伯对孔德强调一切知识都必须来源于经验,虽然没有直接地予以赞赏,但是韦伯对孔德的理念是赞成的。事实上,韦伯的社会法学方法论的具体内容(后面详细研究)中的"解释"或"理解"、价值中立、理想类型等方法论原则都是建立在承认知识来源于经验这个前提基础上的。

其次,关于强调知识的客观性。当代西方的科学主义大多强调知识的客观性、普遍有效性。这一点对于自然科学方法来说不成问题,但是,我们知道,社会科学由于自身的特点,它的研究过程与方法不仅不能与自然科学相一致,而且出现了许多自然科学所没有的种种困难。如社会现象不同于自然现象,它们主要是人的相互交往活动所形成的,受到人的意识的支配,显示出人类所特有的价值观、人生观以及世界观。自然现象则是客观自然界自身的运动和变化,它们相对于人类的活动而言,则较为"客观"和纯粹;又如社会科学工作者与自然科学工作者也不一样,自然科学工作者面对的是客观的自然界,因此自然科学工作者仅仅是作为研究者而出现,而社会科学工作者则不同,他们既是研究者,又是参与者,既是主体,又是客体,因此其客观性很难明显表现出来。

以孔德、斯宾塞为代表的近代社会科学研究者,把自然科学的研究方法移植到社会科学领域,形成了实证主义的社会科学方法。他们认为,社会现象就是"事实"或"实物",科学的任务就在于描述现象,从而发现事物之间重复出现的社会规律,经过归纳、提炼,最后形成一般性的结论。主张统一的科学观,强调自然界与人类社会有基本的连续性,社会发展过程在性质上与生物发展过程是相同的,社会现象不过是自然现象的高级阶段,生命是一个从最简单的自然现象延伸到最高级的社会有机体的巨大链条。因此,可以用自然规律来解释社会现象,并且主张用自然科学的模式与方法,来建立社会科学。他们认为社会科学家的任务也是描述客观事实,寻求客观规律,追求研究结果的客观性及科学性。实证主义研究方法的意义在于,追求社会科学研究领域的客观性,从而使社会科学从神学及传统形而上学的统治下解放出来,成为真正的"科学"。

韦伯在接受了孔德、斯宾塞实证主义的思维方法的同时,针对孔德、斯宾塞混淆了社会科学和自然科学之间的界限又进一步进行了自己的思考。韦伯认为,社会事实与自然事实并不完全相同,社会事实的特点在于它与价值相关,而自然事实却完全相反。因此,自然科学的研究与社会科学的研究有着原则界限。韦伯由此推论出,自然科学中对规律概念的用法在社会科学中尤其是在历史研究中很少发挥作用。在自然科学中,规律越是普遍适用,对精确的自然科学越是重要,也就越有价值。但在社会科学中却相反,最普遍的规律正是最空洞的,往往也是最没有价值的。因此,韦伯认为,社会科学方法论只能以客观事实为前提,并在此基础上采取价值中立的原则,以实证主义的态度进行社会科学的研究。

3. 新康德主义的影响

新康德主义思想对韦伯社会法学方法论思想形成的影响是巨大的,从某种意义上说,韦伯受到新康德主义的影响要超过受到实证主义的影响。

新康德主义是 19 世纪末在德国兴起的思想运动或者潮流,具体说,19 世纪 60 年代到 20 世纪 20 年代在德国有一种强烈的呼声叫"回返康德",一些大学里的教授试图重新诠释康德思想,他们遂被称为新康德主义学派,一度形成主导德国思想家的主要思潮。新康德主义既反对非理性主义,也反对自然主义,认为只有回到康德的精神与方法上,哲学才有可能成为一门"科学"。但在如何解释和发展康德的学说这一问题上,属于这一思潮的各个哲学家的观点并不一致,因而形成多个学派,一般地说,新康德主义被分为两个支派,即马堡学派和西南学派,西南学派主要以海德堡、弗莱堡等德国地理上的西南部为活动范围,所以称西南学派。

韦伯与新康德主义的思想关联主要是受到新康德主义西南学派的影响。许多新康德主义的代表人物或者是韦伯家的座上客,如新康德主义者狄尔泰;或者直接就是韦伯的老师,韦伯在海德堡读大学时,最爱听的课有法学、经济学、历史学以及库诺·费舍尔讲的哲学,而费舍尔则是新康德主义的创始人之一;韦伯大学毕业获得博士学位后,当了大学教师。1894 年,韦伯全家到了弗莱堡,除结识了胡果·明斯特伯格(Hugo Munsterberg)以外,还结识了新康德主义的西南学派代表人物海因里希·里克尔特(Heinrich Rickert),并对当时激烈争论的历史主义和自然主义发表了自己的看法。1896 年,韦伯转到海德堡大学,接替政治经济学历史学派领导人之一克尼斯(Knies)的教席,在该校讲授政治经济学。这时韦伯又恢复了与以前的老师包括费舍尔的联系,并与另一个新康德主义的代表人物文德尔班(Windelband)联系。这段历史充分说明了韦伯与新康德主义的历史渊源关系,准确地说,韦伯从小就受到了新康德主义的影响,而且这种影响伴随着韦伯的大半人生。

新康德主义中的弗莱堡学派主要研究价值哲学问题。他们主张在自然科学与社会科学之间作泾渭分明的区分。按照康德的观点,认为人类理性的法则有两个对象,一是自然,二是道德。自然哲学探讨的是"是什么"的问题,而道德哲学探讨的是"应该怎样"的问题。康德的这种自然科学与道德科学的区分,到了新康德主义那里,则成了自然科学与社会科学分野的基础,以人本学为代表的新康德主义者们,认为自然科学属于可感觉的科学世界,旨在探讨自然现象之间的因果联系和一般规律性,它属于"规范性科学";社会科学属于不可感觉的价值世界,研究的是不可重复的历史个体——人及其行为,它属于"表意性科学"。

自然科学要描述事实,寻求一般规律,它不属于价值领域,与价值无涉;而社会科学则属于价值领域,研究任何社会现象都与构成这一现象的人的行为有关,人的行动是在一定的价值观指引下和在一定的动机驱使下做出的,为此,必须借助价值判断或价值关系来理解和解释社会现象背后隐藏的"意义",即以参照价值对人的行为意义作出理解,并最终认识社会现象。

新康德主义者里克尔特最早提出了"价值关联"的概念。他在《自然科学与文化科学》一书中指出,价值关联是文化科学研究的主要方法。他区分了价值关联与价值评价两个范畴。认为评价是主观和个别的，同一事物，人们可做出完全相反的结论；而价值关联则是客观的、共同的，它既非褒、也非贬，社会科学研究不能摆脱价值关联。因为社会科学的任务是以自己的方式理解现实生活，建立生活现实的文化意义并揭示出历史因果性，他认为，生活现实是一个多领域而复杂的过程，具有无限性和不定型性。人类的认识无法穷尽它，只能达到对无限社会现实中的部分认识。因此，人类认识是有限的，是一种在一定程度上简单化和改变了的东西，它是研究者本人对现实的重构，并不是对现实的反映。关于用什么方法去揭示社会现实的有限部分时，里克尔特指出，研究者必须运用自己的价值观念去考察被研究对象，才有可能真正揭示出该对象的本质特征和它存在的真正意义。这个方法就是价值关联的方法。

在新康德主义思潮内部也不是全部同意这种观点，进而发生了分化，出现了两种非常不同的立场观点，其一是文德尔班和里克尔特为代表的西南学派的立场观点，其二是狄尔泰的立场观点，他的观点主要是理解和体验，强调主观性而否定客观性，韦伯的价值中立学说则是试图调和这两派的观点的产物。

新康德主义在社会科学方法论史上的历史功绩在于明确划分了自然科学与社会科学在对象、方法、目的等方面的区别，并进而区分了事实与价值、价值关联与价值评价的界限，从而纠正了实证主义者的唯科学主义倾向，但却走向了另一个极端，陷入了主观主义和相对主义，否认社会历史领域里的规律性。人们对社会历史事件的把握只能依靠伦理的和审美的体验，从而进一步由主观主义走向非理性主义。正是由于实证主义与新康德主义从两个极端对待社会科学中的价值问题,才使这个问题作为社会科学方法论中的基础理论问题提了出来。

韦伯是最早试图对社会科学方法这两种传统作出理论综合的思想家,他力图使英、法实证主义和德国的唯心主义哲学传统结合起来,以避免 19 世纪社会科学在价值问题上所遇到的困难,实证主义为了使社会科学合乎自然科学的标准,强调价值中立,但却造成了科技理性的过度膨胀。那么怎样才能对人类创造的价值作出客观的、不带歪曲的判断呢? 这就涉及到后面韦伯社会科学方法论具体内容中的价值中立问题。

三、"解释"或"理解"的法学方法论

"解释"或"理解"是韦伯社会法学方法论当中的最重要的概念,这一点,从韦伯对社会学的定义就可以明显地看出来。韦伯说:"社会学——应该称之为一门想解释性地理解社会行为,并且通过这种办法在社会行为的过程和影响上说明其原因的科学。"① 在韦伯看来,正是由于"解释"或"理解"的方法论,才把社会学与其他学科区分开来。

要想全面把握韦伯"解释"或"理解"的社会学方法论,需要把握韦伯以下几方面的主张:

当代世界学术名著

**社会科学
方法论**

Gesammelte Aufsätze zur
Wissenschaftslehre

[德]马克斯·韦伯(Max Weber)著
李秋零 田薇 译

中国人民大学出版社

韦伯研究方法论问题的专著

① [德]韦伯:《经济与社会》(上卷),商务印书馆 1997 年版,第 40 页。

其一,社会学包括社会法学对人们行为的"解释"或"理解",与自然科学不完全相同。韦伯认为,社会科学与自然科学在"解释"或者"理解"应该具有"明确性"这一点上的确具有某种共通的地方,他指出:"一切阐释如同整个科学一样,都力争具有'明确性'。理解的明确性可能是:a 或者具有理性的性质(因而或者具有逻辑特性或者具有数学特性);b 或者是具有感觉上可以重新体验的特性(感情的、艺术感受的性质)。在行为的领域里,首先是那些在其所认为的意向的相互关系中可以彻底无疑地和显而易见地用理智去理解的事物,具有理性的明确性;在行为中,在其所体验的感觉的相互关系中完全可重新体验的事物,具有感觉的明确性。在首先是那些处于数学或逻辑陈述相互关系中的意向的相互关系,可以在最大程度上作理性的理解,在这里也就是说,可以直接地或明确地用理智的意向去把握。如果有人说出这个定理:2×2=4,或者用思维或论证应用勾股定理,或者他——按照我们的思维习惯——正确地得出一个逻辑结论,那么,这在意向上意味着什么,我们理解得十分清楚,同样,如果他在他的行为中,从我们认为已知的经验事实和既定的目的,对将要被应用的手段和方式(根据我们的经验)明确地得出结论,我们也是完全理解的。任何对这类以理性为取向的目的的行为的阐释——对所应用的手段的理解——都具有高度的明确性。"①总之,在"解释"或者"理解"需要具有"明确性"这个意义上,社会科学与自然科学的阐释是相同的。

但是,社会科学与自然科学对人们行为的"解释"或"理

---

① [德]韦伯:《经济与社会》(上卷),商务印书馆 1997 年版,第 40~41 页。

解"从根本上来说又是不同的,自然科学的目的在于发现客观事物的普遍规律,这就需要把事物的个性和特殊性抛弃。这种方法论使得自然科学家无法获得对原子或化合物的行动的理解,如自然科学家可以证明 $2 \times 2 = 4$,但他们却无法说明,也没有必要去说明"2"或"4"当中所真正指代的具体社会现象和行为的含义。然而,社会科学家则不同,社会科学家有能力,也必须从心理学的、社会学的角度进行"理解"或者"解释"。在社会学家看来,"解释"或"理解"应以社会行为为限,点、线、直径、多面体等不能理解,也无须理解,天体、化学、物理、动植物等,只需说明,不需理解。社会科学当中的"理解",既是对特定行动的主观意义的直接的观察性的理解,更是"解释性理解",因此,社会学家对 $2 \times 2 = 4$ 这个命题的理解是通过人们的动机、行为而获得"解释"或"理解"的。即这里的"'理解'可能是:(1)对一个行动(包括表示一种见解)的所认为的意向作现实的理解。例如,我们现实地'理解'我们听到或者读到的 $2 \times 2 = 4$ 这个定理的意义(对思想的合乎理性的现实的理解),或者一次表现在脸部、感叹、非理性的动作中的愤怒的爆发(对情绪的非理性的现实的理解),或者一个劈柴人的或者某一个抓住门把手想关门的人的行为,或者某一个用枪瞄准一只动物的人的行为(对行动作合乎理性的理解)。'理解'也可能是(2)解释性的理解。我们从动机方面'理解'那个说出来或者写下来的 $2 \times 2 = 4$ 这个定理的人的意向,结合着他正好现在和在这个场合下这么做,如果我们看见他正在算一次买卖的账目、作一种科学的演算、一项技术的计算或者其他的行为,根据我们理解的这些行为的意向,这句话属于它们的相互关系之中。也就是说获得一种我们可以理解的意向的相互关系(对动机的合乎理性的理解)"①。总之,"'理解'在所有这些情况中都是解释性的把握"②。

其二,社会学包括社会法学有必要从因果关系上来说明"解释"或"理解"的方法论意义。韦伯虽然首先承认"理解"与人们的主观"意向"密切相关,但他没有停留在理解行动的主观意义之上,他认为,社会学家和社会法学家还应该去说明人们的信念和价值观是如何决定其社会行为和法律行为的,韦伯这里的意思是说,社会学家在用解释性的理解洞悉了社会现象之后,就有必要再从因果关系上说明这些现象。

在对待因果关系的态度上,历史主义学派与传统的实证主义论者迥然不同:历史主义学派认为,社会或文化科学叙述的是独特而无法重演的历史事件,因此对因果关系法则的寻求是徒劳无益的;而传统的实证主义者则认为,社会科学应该像自然科学那样,寻求因果法则的建立,形成普遍的定律。

韦伯认为,在社会学和社会法学关于"解释"的方法论问题上,历史主义学派和传统的实证主义论者的主张都是不可取的。一方面,韦伯不同意历史主义的观点,他认为,虽然社会学是关于社会行动的解释性的科学,但也必须对其过程和结果进行因果性的说明。由于历史和事件本身是不能复原的,也不必要进行复原,但人们可以通过因果关系进行"理解",这时,"不需要当恺撒,才能理解恺撒"③。他指出:"任何一种阐释虽然都

① [德]韦伯:《经济与社会》(上卷),商务印书馆1997年版,第43页。
② [德]韦伯:《经济与社会》(上卷),商务印书馆1997年版,第44页。
③ [德]韦伯:《经济与社会》(上卷),商务印书馆1997年版,第40页。

力争明确,然而一种在意向上哪怕是很明确的阐释本身和为了这种明确特性,还不能说也是一种在因果上适用的阐释——在这种情况下,社会学面临的任务是探明并阐释性地确定这种相互关系。"①另一方面,韦伯也认为,社会学和社会法学当中运用因果关系对人们的社会和法律行为进行解释性的说明不是必然的,它只是一种可能性,或者说是一种机遇。对这种因果关系的把握需要注意两点:(1)社会学和法学当中不存在整体决定整体,或者部分决定部分的关系,而只存在部分对应部分,或某个原因对某个结果产生影响的可能性而已。如果用公式来表达的话,社会学和法学当中的因果关系不是"A 必然导致 B"的形式,而是"A 多少有助于 B 的出现"的形式。(2)影响社会、历史以及人们行为的因素极其繁多,我们无法找到全部确定的因果关系。复杂的事件往往是许多情况和因素共同作用的产物,我们能够洞察每一个历史时期的基本倾向,但我们无法把握全部的细节,历史有太多的不确定性,其原因就在于,面临同样的历史时刻,处在同样决定地位的不同的人们可能作出不同甚至相反的决定。

韦伯上述关于因果关系的解释方法论,在后面将要探讨的韦伯关于具体问题的论述中会得到不断的运用。如韦伯在阐释新教伦理在资本主义兴起过程中的作用时,一方面,充分肯定新教伦理作为资本主义兴起的原因的作用,同时,他也并不排斥其他各种因素在资本主义兴起中扮演的角色。在《新教伦理与资本主义精神》一书中,韦伯称那种视宗教改革为资本主

---

① ［德］韦伯:《经济与社会》(上卷),商务印书馆 1997 年版,第 44 页。

义精神产生的唯一原因的看法是愚蠢的,他非常明确地指出,社会学家能够说明的只是宗教运动影响物质文化发展的方向和总的趋势,只有当这一点被合理地确定下来时,才有可能去评估现代文化的历史发展在何种程度上应归因于这些宗教的力量,在何种程度上应当归因于其他力量。

四、"理想类型"的法学方法论

"理想类型"(ideal types)是韦伯社会学和社会法学方法论中的一个概念工具。韦伯自己虽然再三强调:提出理想类型概念并不是他的新发明,但由于他"恢复了理想类型这一操作概念的真实性",并且由于他对理想类型的大量运用,人们总是把运用理想类型分析和研究问题的方法论贡献归功于韦伯。

"理想类型"中的"理想",意味着从可能性中认识事物,使用"理想类型"认识和解释社会现象和法律行为,也就是以可能性为中介探讨社会现象和人们之间法律行为的现实性。按照韦伯的看法:"理想类型不是对某一既存社会现象的一种描述,社会学家构撰理想类型(的目的)不是把所观察到的具体现象模式化、概括化,而是把理想类型作为以后观察和研究的导线。"①

韦伯之所以发明和使用"理想类型"这一方法论的概念工具,同其对社会学和社会法学的研究对象和领域的理解是直接相关的。毫无疑问,韦伯赞同社会学的研究对象是单个的或多

———————

① 参见[法]让·卡泽纳弗:《社会学十大概念》,上海人民出版社2003年版,第66页。

个行动者的具体的社会行为,但他又清醒地认识到,社会学和社会法学都不能仅仅停留在对个别现象的描述上,而是应该选择某种概念工具,借助于这一工具,使人们对个别和特殊的社会法律现象的研究能够上升到一般的和普遍的高度。

按照韦伯自己的说法,所谓的"理想类型"是根据价值关联建立起来的思维图像,它是一个概念的工具,这种思维图像带来了某种思想秩序,也就是说它帮助我们把现实的非理性现象安顿成一个理性的秩序,它是一套存在于思想里面的秩序。它的特色是有一套内在的统一性,然后强调现实里面的某些成分,最重要的,它是从一个特定的观点出发,借着片面地强调很具体的现象里面的某些成分,然后把它提升成一种纯粹的概念。既然是这么纯粹的概念,它就可以用一个名词来比喻,这个名词就是"乌托邦",它是我们建构出来的乌托邦,因为我们在思想上面夸大了现实世界里面的某些因素,又省略了其他的因素,就使得这个东西在现实里面是找不到的。它只是我们建构出来的思维图像,然后它产生的效果是一种思想秩序。它最主要的功能是让我们用这一个理念型去跟我们研究所寻得的资料,或是我们在现实里面对经验的整理加以对照,看看现实与理念型之间的距离是多远或多近,然后它的理由又何在。这就是在理论上对"理想类型"所作的定义性解释。

韦伯"理想类型"概念的粗略轮廓在 1891 年的大学教师资格论文中已经初步显现,随之不断进行完善,至迟到 1904 年,韦伯已经将"理想类型"作为一个确定的方法论概念来使用了。后来,在包括《社会科学和社会政策中的"客观性"》、《经济与社会》等在内的多部论文和著作中都进一步讨论过这一概念及其意义。

具体说来,韦伯"理想类型"这一方法论概念的内涵和特征有如下几方面:

其一,"理想类型"是研究者理论思维活动的一种主观建构,这种类型存在于人的观念中,而不是现实中,因此,它是一种理念。同时,这种类型之所以称为"理想"的,是因为它代表的某种或某类现象是接近于典型的,是一种理想化的典型,现实中的社会现象和法律现象只能与之相近,不会与其完全一致。基于此种原因,韦伯一再强调,"理想类型"这一主观的精神建构不可能通过经验在现实社会中的任何地方被完美无缺地发现,它实际上可以被理解为一种"乌托邦"。

其二,"理想类型"尽管是研究者为了研究说明问题的一种主观建构,但它并不是凭空虚构的,它是以严密的理论结构的形式表示的一种"时代兴趣",它体现着某个时代社会文化和法律现象的内在逻辑和规则,这种理想的类型化有助于人们在研究中的推论技巧。它不是假设,但能够为理论假设的建构提供指导;它不是现实的一种描述和临摹,但却试图为这种描述提供一种工具模型和表达手段。

其三,"理想类型"作为一种"启发手段",指导着经验研究,他通过参考一种理想观念形态的方式,对杂乱无章的、纷繁复杂的和难以计数的大量经验材料加以区分和类比,从而使研究者的战略计划有可能建立起来。"理想类型"并没有概括也不试图概括现实事物的所有特征,它只是为了研究者的研究目的单项概括事物的一组或某类特征,因此,"理想类型"的方法论,为比较社会和法律现象在某一方面或某几方面具有的共性以及区别它们之间的特性提供了可能。

其四,"理想类型"方法论是与社会与现代科学的理性化特点联系在一起的。任何"理想类型"的建立,都是为了表明研究者以及所属学科努力寻求内在合理性的尝试。因此,"理想类型"的建立,尽管不能无视行动者的价值观,但它与价值判断没有任何关系,"理想类型"就价值判断而言是中立的(这一点与后面谈到的韦伯关于价值中立的思想是一致的)。韦伯相信,借助"理想类型"解释和理解社会法律现象,其结果必定是支持一种永无止境的"再诠释过程",而这将意味着在保持价值中立的前提下,能够不断地推进人文社会科学的理性化进程。

那么,社会学及社会法学的研究到底应该使用哪些"理想类型"呢?要回答这个问题,必须首先指出,在对"理想类型"的具体阐释上,韦伯充分表现出他是一个地道的新康德主义者。受康德哲学的影响,韦伯坚定地认为,由于客观事物的无限性,任何研究者都根本不可能通过事物的现象获得对其本质的认识,人们只能对社会中的特殊事件或特殊现象作出自己的"理解"或"解释",这在人文社会科学领域表现尤其充分。而"理想类型"就是为了人们"理解"或"解释"的需要设计出来的,因此它是人们的认识工具,研究者可以通过它促使人们增进对客观事物的理解。

自1904年以后,韦伯在自己的著作中提出了大量的"理想类型"。根据这些"理想类型"的抽象化程度的高低不同,社会学家罗曼德·阿隆(Aron . R)将韦伯的"理想类型"划分为三类:(1)关于具体的历史事件的理想类型,或者说是由历史的特殊性确定的理想类型。如韦伯确立的"新教伦理"、"现代资本主义"和"中世纪经济"等概念组成的类型。(2)关于社会现实的抽象因素组成的"理想类型"。这类"理想类型"的典范是"科层制"。这种"理想类型"只是表明政治法律制度的某一方面的特点，但具有同一特点的社会组织可以存在于不同的时期和地域之中。(3)关于"一种特定类型的理性化重构"，或者说是"建立在行动者动机基础上的纯粹的行动类型"。在韦伯看来，所有经济的命题都属于这一理想类型。

除了上述三种理想类型之外，根据社会学家苏珊·海克曼的看法，韦伯使用的"理想类型"还有更重要的第四种，即"结构性的理想类型"，这是指由行动的原因和结果而不是行动本身而形成的"理想类型"。比如韦伯在社会法学的研究当中广泛使用的"传统型统治"、"卡理斯玛型统治"、"法理型统治"三种统治类型，以及"形式非理性法律"、"实质非理性法律"、"实质合理性法律"、"形式合理性法律"四种法律类型(韦伯的这些思想将在后面详细讨论)。

五、"无涉个人意念的价值判断"的法学方法论

关于价值判断在科学，特别是社会科学方法论中的地位，在人类理论思维的发展史上，的确是一个太大的问题，因为，它关系到"对任何科学知识的基本确定"。也正是因为如此，人类历史上，特别是近代理论学科分化以来，无数的思想大家都参与到了"价值判断之争"的行列中。仅就与韦伯同时代的德国思想界而言，一些颇有影响的思想家如狄尔泰、弗洛伊德、海因里希·里克尔特、迈内克、温德尔班德、容格、普罗斯特、尼采等人都卷入了这场争论之中。可以说，韦伯并不是关于价值判断之争的挑动者和发动者，但他为了建构自己庞大的思想体系，

却是这场旷日持久论争的积极参与者。在这一关乎理论思维发展方向的论战当中,韦伯以提出"无涉个人价值判断"这一重要的方法论概念而被相当一部分学者认为加入到了"价值中立"阵营。当代美国著名社会学家、自认为和被认为韦伯研究的权威人物帕森斯在评价韦伯关于价值判断的方法论问题时,曾经明确指出:"价值中立的概念可以说是韦伯所持基本立场的基础。"①

的确,综观韦伯一生的学术研究,他一直力图奉行"价值中立原则",这不仅表现在有关价值论战高潮的 1914 年,韦伯不惜冒着同自己的导师和多位师友决裂的危险,毅然撰写了《价值中立在社会学和经济学中的意义》的长篇论文,而且,早在1909 年,韦伯主导创立德国社会学会时,他就建议学会应当奉行在纯粹学术研究的基础上尽量排除政治上的、伦理上的价值判断,他说:"学会应当具有一种纯客观的、科学的性质特征。它遵奉这样的宗旨:任何以学会名义,或者在学会名义下,出于实用目的或理想信仰而进行的宣传活动,政治的、社会－政治的、社会伦理的、或其他种类的宣传活动,都必须排除在外。学会应仅只服务于对事实及与事实有关联内容的研究。"②最终,德国社会学会接受了韦伯的建议,并在学会章程中由韦伯亲自起草加入如下内容:"学会的宗旨乃是通过纯科学的研究和调查活动,来增进社会学知识。——在学会中,所有的科学研究

---

① ［美］Parsons,T.,"Value – Freedom and Objectivity", in Stammer,O.,ed., Max Weber and Sociology Today,New York:Harper &Row,Publishers,1971,p.32.

② 转引自［德］迪尔克·克斯勒:《马克斯·韦伯的生平、著述及影响》,法律出版社 2000 年版,第 229 页。

方向及方法皆受到同等对待,但拒绝代表任何有实践意图的(伦理的、宗教的、政治的、美学的)价值目标。"①

　　在后来的著作中,韦伯经常使用"无涉个人意念的价值判断"这一术语来表述有关价值方面的方法论主张。具体说,韦伯"无涉个人意念的价值判断"包括如下几方面内容:

　　其一,社会学家和社会法学家,无论在任何时候,无论是在专业实践中还是在发表研究成果时,都必须戒除评价式表述。为达此目的,韦伯特别谴责在大学课堂讲授中进行实用政治目的的宣传,并要求最起码要做到"以知识诚实正直为戒律",抑制个人因素的预测和"世界观教诲"。韦伯指出:"今天的学生,从教师的课堂讲授那里应获得的只是这样的能力:(1)能够像当今的工作者那样完成交给的任务;(2)能够正确地认识事实,即使是那些个人不满意的事实;区分事实时能够摆脱个人评价的因素;(3)使自己服从于所从事的任务,抑制显示个人兴趣或其他无关因素的冲动。"②只有这样,才能同官方公共事务或专家席位中那些会导致偏见的"自我中心意识"、"个人崇拜风气"作斗争,也只有如此,教授才能在"皮包中避免装着政治家的指挥棒",从而以客观统计或经验资料为基础进行独立的"无涉个人意念的价值判断"。

　　其二,社会学家和社会法学家要避免进行美学的或道义的评价,仅允许进行区分真与伪的评价。这也就是说,作为一个

---

　　①　转引自顾忠华:《科恩、韦伯和社会科学的典范问题》,(台北)《当代》,1998 年第 123 期。

　　②　转引自[德]迪尔克·克斯勒:《马克斯·韦伯的生平、著述及影响》,法律出版社 2000 年版,第 233 页。

严谨的社会科学工作者,他要始终高度注意"把事实的经验陈述和价值判断区分开来"。社会科学工作者不是政治活动者,所有能够想象到的伦理的及政治的抽象价值,如人们经常谈到的"自由"、"平等"、"公正"等等,都有同等的价值意义,科学不能因此厚此薄彼地对待它们。在此基础上,社会科学研究者可以进行"无涉个人意念的价值判断",但它必须是"客观的"或"认可的"意义上的评价,必须与经验事实和环境的陈述相脱离。总之,科学是一种"专业化运作的——在自我意识和实际环境觉察的服务下进行的'职业工作'"①。

其三,社会学家和社会法学家之所以需要始终坚持"无涉个人意念的价值判断",是因为经验科学和价值判断之间是存在着泾渭分明的界限的。韦伯认为,知识可以分为两类:一类是"既存知识",即关于"实然(What 'is')"的知识;一类是"规范知识",即"应然(What 'should be')"的知识。既然我们感兴趣的那类社会科学是一门具体现实的经验科学,它当然只能以研究现象的"实然"为任务,而不应该涉入"应然"或规范知识与价值判断的领域。"一门经验科学,并不能教人应该做什么,而只能告诉人能够做什么,或在特定情况下人想做什么。"②因此,社会科学可以而且必须进行因果分析,但不必作主观的价值判断。

其四,韦伯区分"实然"与"应然"知识的目的是要在经验科

① 转引自[德]迪尔克·克斯勒:《马克斯·韦伯的生平、著述及影响》,法律出版社 2000 年版,第 234 页。
② [德]韦伯:《社会科学方法论》,转引自苏国勋:《理性化及其限制——韦伯思想引论》,上海人民出版社 1988 年版,第 270 页。

学中驱逐形而上学,保持社会学在研究社会现象时的"价值中立性",但是,这并不意味着韦伯是一个绝对排斥价值及其作用的实用主义者,更不意味着韦伯的学术活动要脱离对实践问题的关心。事实完全相反,韦伯的"理解"或"解释"的社会学,恰恰是以对实践关心为支撑的,而且,他坚决反对的是建立于"个人意念的价值判断",他要坚持的是"无涉个人意念的价值判断"。这里所谓"无涉个人意念的价值判断",包含着两个相互联系的方面:一方面,社会学家应该恪守价值中立原则;另一方面,这一原则又不是无限的。事实上,韦伯从来没有从根本上否定价值及价值判断的重要性。韦伯一生对一些基本价值观念的坚持和推崇是持之以恒的,如韦伯在政治上极力推崇国家主义、日耳曼民族主义和自由主义价值取向;在学术上极力推崇经济合理性、科层制、法理型统治等,无一不体现出其鲜明的价值倾向。所以,客观地说,韦伯不仅是价值中立原则的倡导者,也是价值关联原则的拥护者。这两者看似矛盾,但在韦伯那里却得到了高度统一。这主要表现在:韦伯坚决主张价值中立,但是,他又充分认识到,无论是社会学家本人对社会学的理解或解释,还是被社会化组织起来的社会科学本身,都使得社会学家和社会法学家无法摆脱,或至少在选题上无法摆脱其自身价值和社会价值施加的影响。

　　当然,韦伯在解释"无涉个人意念的价值判断"时,更加强调"无涉个人意念",这主要是指:(1)社会学家包括社会法学家一旦根据自己的价值观念选定了研究课题,他就必须停止使用自己或他人的价值观,而遵循他所发现的资料的引导,无论研究的结果对他或其他什么人是否有利,他都不能将自己的价值观念强加于资料;(2)既然事实世界和价值世界是两回事,社会学和社会法学就不能从"实然"的判断推导出"应然"的判断,社会学家和社会法学家也不能超越自己的本分去处理价值评判问题,否则就会使社会学和社会法学本身丧失起码的客观性和尊严。因此,为了社会学和社会法学的独立性和纯洁性,社会学家和社会法学家也必须坚持"无涉个人意念的价值判断",只有这样,才能借助于"理想类型"工具的基础,更好地"理解"或"解释"社会法律现象。

第三章　社会法学的逻辑起点

一、社会行为是社会法学研究的逻辑起点

从世界和中国当今法学研究的进展来看,所有法律思想家和法律研究者都会自觉不自觉地关注法学的逻辑起点问题,对此,有人将人性作为法学研究的逻辑起点,有人将权利与义务作为法学研究的逻辑起点,有人将行为作为法学研究的逻辑起点。韦伯作为近代社会学和欧洲社会法学的创始人和思想大家,他的社会法学可以说开创了以研究人的社会行为为理论逻辑起点的先河。

毋庸讳言,韦伯首先是一个社会学家,其次才是一位来自于社会学一翼的社会法学家。因此,韦伯社会法学使用的许多概念都是借助于社会学概念的,韦伯的社会法学同样是从研究人们之间的社会行为入手的。

理论思维缜密的韦伯

（一）社会行为的概念与特征

韦伯认为,人类行为首先是个人的。比如,一个人自言自

语,说的话不是让别人听的,甚至也不是让自己听的。或者一个人对自己的行为进行反省,也不涉及他人。或者一个心灵手巧的姑娘给自己做了一件款式新颖的衣裳,自己穿在身上在镜子面前左右摆弄、自我欣赏等等,所有这些不涉及他人的单个人的行为,都是个人行为。

韦伯指出,从广义上说,人的行为都是有意义的,即使是上述那些纯粹个人的行为,它也使人同其他动物区别开来。但是,从狭义上说,人的行为并不都是有意义的,社会法学研究的应该是那些有意义的行为。这里所谓"有意义的行为",是指被行为者赋予主观意义的行为,比如:当人疲劳困倦时,往往会打哈欠,这种打哈欠的行为是一种生理现象,可以说是无意义的,但是,当某人对他人或某事表示厌恶时,他也会用打哈欠来表示,这时,打哈欠的行为就具有了一定的意义。

韦伯更进一步说,人的有意义的行为,一般说来都是与他人或社会相关的。"当行为目的与他人行为相关,并正是为了与他人交往而实施某行为时,这个行为就称之为'社会行为'。"①因此,社会法学研究的实际上是人的社会行为。

关于社会行为的特征②,韦伯认为,主要包括:(1)社会行为是行为者以其他人过去的、当前的或未来所期待的举止为取向。在这里,"其他人"可能是单个个人和熟人,或者人数不定的很多人和完全不认识的人。

---

①　[德]韦伯:《论经济与社会中的法律》,中国大百科全书出版社1998年版,第1页。

②　参见[德]韦伯:《经济与社会》(上卷),商务印书馆1997年版,第54~56页。

（2）并非任何方式的行为——包括外在的行为——都是这里的确定意义上的"社会的"行为。如果它仅仅以期待客观物体的效用为取向，那么，外在的行为就不是社会行为了。内心的态度也只有当它是以别人的举止为取向时，才是社会行为。比如，宗教行为如果是静身养性、孤寂的祈祷等等，也不是社会行为。一个人的经济行为也只有在同时考虑了第三者的举止时才是社会行为。由于谋求第三者尊重自己对经济产品的实际支配权力，很普遍地而且在形式上就已经是一种社会行为。在实质方面，例如因为同时考虑在消费时第三者未来对产品的渴求和自己的节俭的方式以此为取向，或者在生产时把第三者未来的渴求作为行为取向的基础等等，也是社会行为。

（3）并非任何人与人的接触都具有社会的性质，而是只有自己的举止在意向上以别人的举止为取向时才具有社会的性质。比如，两个骑自行车的人相撞，纯粹是一个事件，与自然界的事件一样。但是，如果他们试图躲开对方，并在相撞之后谩骂、殴打或心平气和地协商，这就是"社会行为"。

（4）社会行为既不与若干人相同的行为相一致，也不与受其他人举止影响的任何行为相一致。例如，如果有一大堆人在开始下雨时同时撑开雨伞，那么，一般情况下，一个人的行为并没有以另一个人的行为为取向，而是大家的行为都同样是以要防备雨淋为取向，这种行为虽然表面上好像具有众人的"社会性"，但不是我们要研究的有意义的社会行为。同样，如果一个人的行为仅仅由于他处在一个地方狭窄拥挤的群众中间，而受到强烈的影响，但是，在个人的举止和他所处于群众中间这一事实之间并不存在一种意向的关系，一种这样的仅仅由于单纯受群众本身影响的事实,而在其过程中仅仅是反应性地引起、或者部分地引起、不在意向上与此有牵涉的行为,在概念上也并不是我们所研究的有意义的社会行为。

此外,纯粹模仿他人的行为,如果仅仅是反映性的,不发生自己的行为以别人的行为为取向,那么,在概念上也不是社会行为。

(二)社会行为的四种类型

韦伯在对社会行为的研究过程中,使用了他的理想类型的研究方法。具体说,他认为,根据人们社会行为的动机不同,可以将社会行为划分为四种类型:

第一,目的合理性行为(means – ends rational action)。这是指行为者为实现某种目的,通过合理地作出决定之后而实施的理性行为。这类行为"即通过外界事物的情况和其他人的举止的期待,并利用这种期待作为'条件',或者作为'手段',以期实现自己合乎理性所争取和考虑的作为成果的目的"[①]。显然,这类行为的最重要特点是对目的的关注,它的理性就表现在人们能够以通过计算和预测行为的后果为条件来实现这一目的。按照韦伯的看法,谁若是根据目的、手段和附带后果来作为他的行为的取向,而且同时既把手段与目的,也把目的与附带后果,以及最后把各种可能的目的相比较,作出合乎理性的权衡,这就是目的合理性行为。

第二,价值合理性行为(value rational action)。这是行为者为了实现他所信奉的理想和价值信仰,不抱任何目的,纯粹以

---

① [德]韦伯:《经济与社会》(上卷),商务印书馆1997年版,第56页。

道德、美学或宗教为标准而实施的行为,"即通过有意识地对一个特定的举止——伦理的、美学的、宗教的或作任何其他阐释的——无条件的固有价值的纯粹信仰,不管是否取得成就"①。显然,在行为者从事这类行为时,其主观上常常认定这类行为具有无条件的、排他的价值,因此,不会去考虑行为的后果及完成行为的条件是否具备。按照韦伯的说法,谁要是无视可以预见的后果,他的行为仅仅服务于他对义务、尊严、美、宗教、训示、孝顺、或者某一件"事"的重要性的信念,不管什么形式的,他坚信必须这样做,这就是纯粹的价值合理性行为。

第三,情感行为(affected action)。这是指行为者为情感所支配,带有偶然性的行为。这是一种受某种意外刺激不受制约的反应。情感行为往往超然于有意识的以"意向"为取向的行为之外,它可以是一种对日常生活之外的刺激毫无阻碍的反应。情感行为与价值合理性行为也不一样,情感行为的意向不在于行为之外是否能有所成就,而在于某种特定方式的行为本身。倘若谁在满足现实的报复、现实的享受、现实的献身、现实默祷天堂幸福的需要,或者排遣现实情绪的需要,他的行为就是情感行为。

第四,传统行为(traditional action)。这是指行为者被过去自然而然的习惯所支配的行为。传统行为像纯粹的反映性模仿一样,在社会行为体系当中完全处于边缘状态,而且往往是超然于可以称之为"意向性"取向的行为之外。因为它往往是一种对于习以为常的、刺激的、迟钝的、在约定俗成的态度方向

---

① [德]韦伯:《经济与社会》(上卷),商务印书馆1997年版,第56页。

上进行的反应。大量约定俗成的日常行为都接近这种类型。

在上述四种社会行为当中,传统行为和情感行为在客观上可能都是合理的,但在主观上却是非理性的;传统行为对行为的目的和手段缺乏有意识的思考而盲从于习惯,情感行为则受行为者的冲动支配,因此,这两类行为的理性成分都较低。与这两者不同,价值合理性行为在主观上具有相当的理性成分,行为者清楚地意识到自己行为的价值意义,但是,在客观上价值合理性行为却不具备理性特征,因为,它根本不考虑和顾及行为的附带后果。显然,理性成分最高的是目的合理性行为,它是行为者对目的的理性设计和对实现目的的手段进行理性选择的结果。因此,社会学和社会法学应该更多地关注价值合理性行为和目的合理性行为。

二、社会关系、社会秩序与社会规则

(一)社会关系的概念和特征

韦伯认为,人们通过一定的社会行为,必然形成一定的社会关系。所谓"'社会关系'应该是一种根据行为的意向内容相互调节的,并以此为取向的若干人的举止。因此,社会关系毫无例外地仅仅存在于发生在其(意向)方式可以标明的社会行为的机会之中"①。这里我们看到,韦伯对社会关系的论述,实际上是他力图将最初个人的社会行为纳入整个社会整体把握的桥梁。

韦伯认为,社会关系的特征可以从下面几个角度来解析:

---

① [德]韦伯:《经济与社会》(上卷),商务印书馆1997年版,第57页。

（1）社会关系存在的标志与内容:一种社会关系存在的标志就是在人们之间发生了最低限度的互以对方为取向的行为。这种行为的"内容可能有千差万别:斗争、敌对、友谊、孝顺、市场交换、履行或者绕开或者破坏一项协议;经济的、性爱的或其他的竞争"①。

（2）社会关系中社会行为者的意向特点是:在单一情况下真正地或一般地、或者在假设为纯粹的类型当中,参加者所认为的、经验性的意向内容,永远不是规范上正确的或者形而上学上真正的意向。即使所涉及的是所谓的社会机构,如国家、教会、生产合作社、婚姻等等,社会关系也毫无例外地仅仅存在于已经发生过、正在发生着的或者将要发生一种根据行为意向其方式可以标明的相互调节的行为的机会之中。

（3）社会关系主体的相互性问题:社会关系并不意味着相互调节的行为参加者或者在单一情况下对社会关系给予相同的意向内容,或者在意向上与对方的态度相适应,即在这个意义上存在着相互性。"友谊"、"爱情"、"孝顺"、"信守契约"、"民族共同感"等,从一方可能遇到对方完全不同的态度,于是,恰恰是参加者把不同的意向与他们的行为联系在一起,在这一点上,社会关系从双方的观点出发,客观上是单方面的。然而,当行为者（也许完全错误或者部分错误地）以对方某种特定对待他的态度为前提,并且以这些期待作为他自己的行为取向,这对行为的过程和关系的形成可能具有后果,而且大多数也会具有后果,在这一点上,社会关系也是相互关联的。社会关系

---

① ［德］韦伯:《经济与社会》(上卷),商务印书馆 1997 年版,第 58 页。

完全和彻底建立在意向上相互适应的态度上,在现实中只是一种边缘情况。然而,按照韦伯的术语,只有当社会关系的后果是在实际上缺少双方行为的相互适应的相关性时,缺少"双方性",才会排除社会关系的存在。

（4）社会关系的存续时间:一种社会关系可能是十分短暂的,也可能具有持久的性质;一种社会关系的内容可能有变化,也可能具有长久持续下去的内容。一种社会关系的意向内容可能有变化,例如由于团结一致而形成的政治关系会变为利害冲突。在这种情况下,是否可以说已经建立一种新的关系,或者继续存在的旧关系获得一项新的意向内容,这只不过是一个术语是否恰当的问题和在变化中持续的程度问题,意向内容也有一部分是长期持续的,有一部分是可以变化的。

（二）社会秩序与社会规则

韦伯认为,一种社会关系在社会行为之内,都可以观察到实际的规律性,这就是人们通常所说的"秩序"。韦伯说:"行为,特别是社会行为和社会关系,可以是行为者在合法秩序的观念下实施的。这种引导的可能性称为这里所说的秩序效力。"[1]

那么,建立在社会行为基础上的特定的社会关系如何形成良好的社会秩序呢? 韦伯认为,良好社会秩序的形成,除了依靠人们内在的道德自觉以外,还必须依靠一定的社会规则来维持。

---

[1] ［德］韦伯:《论经济与社会中的法律》,中国大百科全书出版社1998年版,第5页。

所谓社会规则,是指使人类社会行为导致的社会生活得以有序进行的主要社会规范。它包括习惯(或习俗)、惯例和法律三类。

所谓习惯(或习俗),是指没有任何物理或者心理的强制力,至少是在没有任何外界表示同意与否的直接反映的情况下做出的行为,这种行为被不断重复的原因仅仅在于人们不假思索的模仿。用韦伯自己的话说:"一种调解社会行为规律性的实际存在的机会应该称之为习惯。如果并且只要这种规律性存在的机会仅仅由于事实上的实践而在一定范围的人当中存在。要是事实上的实践是建立在长期约定俗成的基础之上,那么,习惯就应该称为习俗。"①或者说:"作为社会行为的指导而存在的规则,这一实际存在的可能性称为'习俗'。"②

习惯(或习俗)的特性是在与惯例和法的比较中体现出来的,具体来说,习惯(或习俗)有两个主要特性:其一,"与惯例和法相反,对于我们来说,'习俗'是一种外在方面没有保障的规则,行为者自愿地事实上遵守它。不管是干脆出于'毫无思考'也好,或者出于'方便'也好,或者不管出于什么原因,而且他可以期待这个范围内的其他成员由于这些原因也很可能会遵守它。因此,习俗在这个意义上并不是什么'适用'的:谁也没有'要求'他一起遵守它"③。其二,"(纯粹的)习俗的稳定性基本上建立在这样的基础上:谁要不以它为行为的取向,他的

---

① [德]韦伯:《经济与社会》(上卷),商务印书馆1997年版,第60页。
② [德]韦伯:《论经济与社会中的法律》,中国大百科全书出版社1998年版,第4页。
③ [德]韦伯:《经济与社会》(上卷),商务印书馆1997年版,第60页。

行为就'不相适应',也就是说,只要他周围多数人的行为预计这个习俗的存在并照此采取自己的态度,他必须忍受或大或小的不快和不利"①。

与习惯(或习俗)不同,惯例和法律则是必须经过"适用"的社会规则。所以,有无"适用"是将惯例、法律同习惯(或习俗)区分开来的重要标志。那么,什么是"适用"呢? 韦伯说,行为,尤其是社会行为,而且特别是一种社会关系,如果以参加者的一种合法制度存在的观念为取向,这种事情真正发生的机会就应该称之为有关制度的适用。因此,对于我们来说,一种制度的适用,其含义应该超出仅仅受习俗和利害关系所制约的社会行为的规律性。如果家具搬迁公司不时做搬迁时间的广告,那么,这一规律是由利害关系所制约的,这不是"适用";同样,如果一个小商贩在每月或者每周的固定日子里去拜访他的固定顾客,那么,这或者是他习以为常的习俗,或者是他的利害关系的产物,这也不是制度的"适用"。反之,如果一个官员每天在固定的时间出现在办公室里,这就不仅仅是他个人的习惯和受利害关系制约的问题,而是由制度(职务规章)的适用作为戒律所制约,一旦违反,必然带来不利,这就是"适用"。

在研究了"适用"的概念以后,韦伯详细研究了需要以"适用"为前提的两种社会规则,即惯例和法律。关于惯例,韦伯指出:"惯例应该称之为在一定范围内的人当中被作为'适用'而赞同的、并且通过对它的偏离进行指责而得到保证的'习

① [德]韦伯:《经济与社会》(上卷),商务印书馆1997年版,第61页。

俗'。"①也就是说,惯例是指一种典型的、根据常规的统一行动,它的最大特点是"集体性"的,在一个社会群体中,对惯例的违反将导致一种相对普遍的、统一的而且具有实际影响力的谴责性反应。即"如果在偏离它时,在可以标明的一定范围内的人当中,会遇到某种(比较)普遍的和在实际上可以感受到的指责,在外在方面,它的适用有这种机会保证"②。韦伯这里的意思是说,与习俗相比,惯例是有外在强制的,但是,这种外在强制与法律的不同在于:惯例的外在强制"没有专门为了强制而设立的人的班子——违反惯例往往由于等级成员进行社会抵制的极为有效和敏感的后果,而受到比起某种法律强制更为严厉的制裁。这里所缺乏的仅仅是特别设立的人的班子(在我们这里:法官、检察官、行政官员、死刑执行官等等)"③。

法律作为一种社会规则,与惯例又有所不同:"法律,如果在外在方面,它的适用能通过(有形的和心理的)强制机会保证的话,即通过一个专门为此而设立的人的班子采取行动强制遵守,或者在违反时加以惩罚,实现这种强制。"④这也就是说,在韦伯看来,法律与惯例虽然都是"适用"性的社会规则,但惯例"没有专门为了强制而设立的人的班子",而"'法'这个概念(它用于其他目的时完全可以另做界说),有一个强制班子的存在是决定性的"⑤(韦伯对法律概念的界说详见后文)。

关于法律与习惯和惯例的联系和区别,韦伯进一步认为,

---

① [德]韦伯:《经济与社会》(上卷),商务印书馆1997年版,第64页。
② [德]韦伯:《经济与社会》(上卷),商务印书馆1997年版,第64页。
③ [德]韦伯:《经济与社会》(上卷),商务印书馆1997年版,第64页。
④ [德]韦伯:《经济与社会》(上卷),商务印书馆1997年版,第64页。
⑤ [德]韦伯:《经济与社会》(上卷),商务印书馆1997年版,第65页。

虽然习惯和惯例可能更是人类早期的规则形态,但事实上,法律除了其强制机构和实施强制力的人员非常明确(况且法律的强制未必更有效)以外,他们之间的区别并不大,因此,韦伯反对将这三种社会规则截然分开。他说:"从社会学的角度看,习惯、惯例和法律之间的演变界限是非常模糊的。"①"法律、习惯、惯例属于同一个连续统一体,即它们之间的演变难以察觉。"②但韦伯也承认,随着社会的进步和文明的发展,习惯和惯例的作用逐渐让位给了法律。这其中的原因有这么几个方面:第一,传统以及对"传统神圣信仰"的逐步解体;第二,社会阶层逐步分化及阶级利益逐渐多样化;第三,现代商业交易的透明性、可预期性的需求。在这些因素的共同作用下,法律在人类社会规则体系中逐步占据了主导地位。

① ［德］韦伯:《论经济与社会中的法律》,中国大百科全书出版社1998年版,第25页。

② ［德］韦伯:《论经济与社会中的法律》,中国大百科全书出版社1998年版,第20页。

第四章　法律的概念与一般分类

一、法律的概念

(一)法的定义

一般来说,韦伯谈论法律概念,是一种泛化的法律概念。他在大多数情况下,是从分析人们的社会行为入手,通过"强制"、"社会秩序"等词语来表达对法律的基本看法。他认为,通过一定的强制,使人们的社会行为符合特定社会秩序的要求,这就是法律。法律的调整对象是人们的社会行为,法律的基本特征是它具有强制性,法律的目的是达到一定的社会秩序。

(二)"国家的法律"与"超国家的法律"

作为一位从社会学一翼而来的社会法学家,韦伯在谈论法律的概念时,总是注意区分法学和社会学对法律概念的不同看法。他说:"在说到'法律'、'法律秩序'或'法律命题'时,我们必须注意法学和社会学的不同看法。前者设问:什么是法律具有的内在效力?即具有法律命题形式的动词形式中,应该以正确的逻辑赋予它什么意义,或者说什么规范意义?而从后者的观点看,我们设问:在充满许多人参与共同体活动的可能性这

一共同体里,实际上发生了什么,
尤其是那些对社会行动行使社会
性权力的人,主观上如何考虑某些
有效力的规范以及怎样根据规范
实际行动的。"①

论经济与社会中的法律

[德]马克斯·韦伯 著

中国大百科全书出版社

**韦伯《论经济与社会中的法律》
一书中文版封面**

韦伯区分所谓法学意义上的法
律概念和社会学意义上的法律概
念,实际上,用他自己的话说就是
法律应该区分为"国家的法律"和
"超国家的法律"。关于"国家的法
律",他说:"所谓存在着'国家法
律'意义上的法律规范就意味着下述情形:当某些事情发生时,
人们会普遍认为,共同体的某些机构应该采取法定的行动,而
对这种行动的期望本身就足以引致对命令的遵奉,或者在这种
遵奉已不可能做到时,至少能达到某种补偿或赔偿。引致由国
家来实施法律强制这种结果的事件,可以存在于许多人类活动
中。"②也就是说,"国家法律"的主要特征在于它是由国家强制
来保障社会秩序免遭破坏或者得到恢复补偿。换言之:"我们
所说的'国家的法律',即由国家保障的法律,是指这种法律强
制力的保障通过政治共同体的强制方式,直接地和有形地实
施。"③

---

　　①　[德]韦伯:《论经济与社会中的法律》,中国大百科全书出版社1998年版,
第13页。

　　②　[德]韦伯:《经济、诸社会领域及权力》,三联书店1998年版,第6~7页。

　　③　[德]韦伯:《论经济与社会中的法律》,中国大百科全书出版社1998年版,
第16页。

那么,什么是"超国家的法律"呢?韦伯说:"如果构成权利保障的强制性手段是属于政治性权威以外的其他权威的话——我们将之称为'超国家的法律'。"①也就是说,除了国家强制力保障以外的所有具有强制性的规则都是"超国家的法律",其中,教会法就是一种典型的"超国家的法律"。这样看来,韦伯认为,所有法律都具有强制性的特征,只不过是强制性的来源不同,即"国家法律"强制力来自于国家,"超国家法律"强制力来自于国家以外的权威。

关于"国家法律"和"超国家法律"之间的关系,韦伯认为,"国家法律"在现代社会中的确是必要的,即使"在今日,依靠暴力的法律强制仍是由国家垄断的"②。但是,"超国家的法律"是更为重要的。他说:"在某些条件下,非暴力的(超国家的)强制手段比(国家的)暴力的强制手段更有效。诸如开除出某组织或抵制,或预言来世有好报或惩罚此类方式,在某种文化条件下比政治机制更有效。与宗教的强制力相比,政治共同体的强制机制所实施的法律强制力往往很糟糕。"③韦伯认为,在现代社会条件下,更应该强调"超国家法律"的重要性,这是因为:第一,历史上"超国家法律"的强制就比"国家法律"的强制发挥了更大作用,当两者发生冲突时,"在过去,冲突的结局并非总是政治机构的强制性手段的胜利,即使在今日,结局也并非总是如此"④;第二,"超国家法律"的执行机关比"国家法律"的

---

① [德]韦伯:《经济、诸社会领域及权力》,三联书店1998年版,第8页。
② [德]韦伯:《经济、诸社会领域及权力》,三联书店1998年版,第6页。
③ [德]韦伯:《论经济与社会中的法律》,中国大百科全书出版社1998年版,第17页。
④ [德]韦伯:《经济、诸社会领域及权力》,三联书店1998年版,第8页。

执行机关更丰富和全面。也就是说,在当代"超国家法律"大力发挥作用的条件下,"有保障的法律这一术语将用来意指存在着一套'强制性机构',这就是说,存在着一个或更多的人,他们的特别任务就是为了实施规范的目的而时刻准备使用特别提供的强制手段"①。韦伯这里所谓"特别提供的强制手段"包括物理的强制、心理的强制、直接的强制和间接的强制。

总之,在法律概念问题上,韦伯同其他社会法学家一样,倾向于对法律作泛化的理解。不过,韦伯并不否认"国家法律"的重要性,甚至曾经强调"国家法律"在现代社会中的重要作用。当然,这是建立在将所有一般社会规则统统纳入"超国家法律",并强调遵守"超国家法律"的重要性基础之上的。

二、法律的一般分类

韦伯作为一个特点鲜明的社会法学家,应该说,在他的意识中,更加关注他自己处心积虑建构的法律类型理论(详见后面论述),而对纯粹的法律分类的一般理论问题着墨并不是特别多,但是,这也并不是说韦伯对法律的一般分类问题没有作专门的研究,事实上,韦伯在《经济与社会》和《论经济与社会中的法律》,特别是在其《法律社会学》等书中对"实体法领域"的各种法律基本问题,包括法律的一般分类问题都进行了一定深度的研讨。

(一)公法与私法

韦伯指出:"现代法律理论和实践的最重要区别之一是公

---

① [德]韦伯:《经济、诸社会领域及权力》,三联书店1998年版,第4页。

法与私法。"①但是，究竟如何划分公法与私法，却又是一个非常复杂和棘手的问题。在韦伯看来，"划分公法与私法的范围，即使今天也不是处处都一目了然的，更不用说过去的情况了"②。

韦伯认为，人们对划分公法和私法虽然分歧较大，将二者划分清楚也确实不容易，但还是可以从以下三个角度大致予以明确的：

其一，"与社会学的区分相适应，公法干脆可以界定为这样一种行为准则的总和：按照法律制度必须赋予行为的意向，行为涉及国家的强制机构，亦即它服务于国家机构本身的存在、扩展以及直接贯彻那些依照章程或者默契所适用的目的；而私法则可以界定为这样一种行为准则的总和：按照法律制度所赋予行为的意向，行为与国家的强制机构无涉，而是仅仅可以被国家强制机构视为通过准则调节的行为"③。也就是说："依照社会学的划分，公法就其在法秩序规定下的意义而言，可简单定义为：约制国家机构相关行动的总体规范——相对的，私法就其法秩序规定下的意义而言，可视为：约制与国家机构本身无关、而不过是受国家机构所规制的行动的总体规范。"④这表明："根据社会学的标准，可以将公法限定为调整国家活动的规范总和——相应的，私法可限定为有国家颁布、调整非国家活

① ［德］韦伯：《论经济与社会中的法律》，中国大百科全书出版社 1998 年版，第39页。

② ［德］韦伯：《经济与社会》（下卷），商务印书馆 1997 年版，第 3 页。

③ ［德］韦伯：《经济与社会》（下卷），商务印书馆 1997 年版，第 1 页。

④ ［德］韦伯：《韦伯作品集·Ⅸ·法律社会学》，广西师范大学出版社 2005 年版，第 2 页。

动的规范的总和。"①

其二,从内容上,还可以把公法与整个规章联系起来,即按照其正确的法律意义,公法仅仅包含着对国家机构的指示的准则,而不是阐述个人业已获得的、主观权利的准则。在这种意义上,"我们可以将公法视同为'行政法规'的总体。所谓行政法规,就其正确的法律意义而言,是指单以对国家机关所下达的指令为内容——然而并不是设定个人主观既得权利——的规范"②;而私法则可以定义为个人权益要求的规范化,这种规范是阐述主观权利的。这也就是说:"可以将公法视为'授权性'规范的总和,即这些规范是专门规定有关国家官员职责的,但不同于所谓'权利要求的规范',不设立任何个人的权利。"③

其三,"私法与公法的区别,正如合作型法律与隶属型法律之间的区别一样。私法涉及的法律事务大致是:若干当事人相互交往,法律视他们的关系是合作的,他们之间的法律领域由立法、司法、法律交易或当事人自己决定。但是,在公法领域,掌握国家权力的人可以对隶属他的人们发布命令。有权发布命令并非国家的唯一功能,由公法调整的国家机关活动也不是限于命令之类。而且,各公共机关,即同级权力机关之间的关系调整均属'公法'领域"④。换言之,当法律事件是发生于法律

---

① [德]韦伯:《论经济与社会中的法律》,中国大百科全书出版社1998年版,第39页。

② [德]韦伯:《韦伯作品集·Ⅸ·法律社会学》,广西师范大学出版社2005年版,第2页。

③ [德]韦伯:《论经济与社会中的法律》,中国大百科全书出版社1998年版,第39页。

④ [德]韦伯:《论经济与社会中的法律》,中国大百科全书出版社1998年版,第40页。

意义上"同位格"的多数当事人相互对立的情况下时,即属于私法的法律事件,此时,这些当事人的权利领域必然会经由立法者、法官乃至当事人本身透过法律交涉的行为而得出法律上正确的分界;另一方面,当拥有权威性的优势权力保有者与在规范的法律意义上从属于他的人发生对峙时,则是公法发挥作用的时候。

关于公法与私法划分的过程,韦伯认为,在人类早期的"调解法"中,在世袭的、等级的和封建的政治实体里,划分公法与私法的动力并不充分。实际上,区分公法与私法,即使在欧洲大陆也是有一个过程的。以公法为例,虽然"在理论上,罗马的法人概念,自然法以及最后法国的学说,创造了现代公法的具有决定性意义的法学概念"①,但是,公法概念的真正形成是对国家强制机构的权限划分以后的产物。韦伯说:"如果正确的理解,孟德斯鸠这句话是完全适用的:权力分割才使'公法'的设想成为可能。"②当然,"并非任何方式的权力分割就已经在创造着某种公法的思想,而是只有理性的国家强制机构所特有的权力分割,才创造着公法的思想。只有当西方发展了关于公法的科学学科,因为只有在这里,政治的团体才完全具有包括合理划分权限和权力分割的强制机构的性质"③。

究竟哪些具体的法律适宜列入公法,哪些法律又比较适宜列入私法?韦伯说:"公法直接与刑法交会在一起。"④同样,

① [德]韦伯:《经济与社会》(下卷),商务印书馆1997年版,第13页。
② [德]韦伯:《经济与社会》(下卷),商务印书馆1997年版,第12~13页。
③ [德]韦伯:《经济与社会》(下卷),商务印书馆1997年版,第13页。
④ [德]韦伯:《经济与社会》(下卷),商务印书馆1997年版,第11页。

"刑事诉讼法"和"宗教法"也属于公法。此外,一般来说,行政法也属于公法,但它具有不完全的性质,因为"'行政管理'不仅仅是一个公法的概念,(还)有私人的行政管理,诸如家庭预算或者一个盈利企业的行政管理"①。所以,只有那些特定的"公众的行政管理,也就是说,通过国家机构或者其他的、由国家给予合法化的、即他治的公众机构的行政管理"方面的法律,才属于公法的领域。至于私法领域,韦伯指出:"同较早的法律生活相比,现代的法律生活,尤其是私法生活的最本质、实质的特点,首先是法的事务的意义大大上升,特别是作为由强制法保障的权益要求源原的契约的意义大大上升,对于私法领域来说,这是很典型的。以致人们把共同体化的今天的方式,只要私法领域达得到,大多数恰恰都可以称之为'契约的社会'。"②韦伯这里的意思主要有两点:一是说随着社会的发展,私法在社会生活领域中的地位越来越重要;二是说私法主要是围绕着以权益要求的"契约法"为主要领域的法律,这除了契约法本身外,还包括遗产法、民法和侵权法。

(二)实在法(成文制定法)与自然法

在韦伯的著述中,实在法有时又被称为实证法、成文法、制定法或成文制定法,他虽然从来没有给实在法下过明确的定义,但他一般是把实在法这一概念与自然法对应使用的,其一般含义也无非是以法典形式表现出来的成文制定法。由于韦伯作为一个社会法学家,他关注的重点是法与社会的关系与互

---

① [德]韦伯:《经济与社会》(下卷),商务印书馆1997年版,第4页。

② [德]韦伯:《经济与社会》(下卷),商务印书馆1997年版,第21~22页。

动问题,因此,除了一般地指出实在法包括民法、刑法、诉讼法、侵权法、行政法等基本法律以外,他对于实在法的内在逻辑和法律技术研究并不很充分,相比较而言,韦伯在《经济与社会》(下卷)和《论经济与社会中的法律》等著作中,倒是对自然法及其法律意义和在社会中的作用等问题进行了比较详细深入的探讨。

关于自然法的概念和性质,韦伯认为,"作为实证法标准的自然法"是"法中法"。他说:"自然法是那些独立于,或高于实在法的规范之总和。自然法的威力不在于它的独断制定,相反,在于它是实在法效力的根据。因此,自然法是那些其合法性不来源于合法的制定,而来源于内在的神学性的规范之总和。"①

关于自然法理论的产生和发展,韦伯认为,自然法理论最早可以"视为斯多葛学派的理论产物"。后来,基督教接受了它,作为自己的伦理和世俗准则之间的桥梁,在整个中世纪,自然法"是在罪恶与暴力的俗世之内按照上帝意志合法了的适用于所人的法"②。到了17、18世纪,"自然法是革命后建立的法律秩序特有的合法性形式。自然法是那些反对现存制度的阶级手中的法宝,以便在实在的宗教规范或阐述的基础上使自己的愿望合法化。然而,不是任何自然法都具有革命性,即以暴力或其他积极的不服从来反对现有秩序"③。所以,自然法在日

① [德]韦伯:《论经济与社会中的法律》,中国大百科全书出版社1998年版,第287页。

② [德]韦伯:《经济与社会》(下卷),商务印书馆1997年版,第189页。

③ [德]韦伯:《论经济与社会中的法律》,中国大百科全书出版社1998年版,第288页。

耳曼人那里又被称为"民族精神",在英国人那里变成了所有人应该享有的国民权利。而"现代自然法理论部分地建立在带有理性主义色彩的宗教动机之上;部分地吸取了文艺复兴时产生的自然观,即试图把握'自然'意志的目的。在某种程度上,这来源于共同体成员无不享有天赋人权这一观念"①。

韦伯进一步指出,自然法在现代社会经历了一个从"形式自然法向实体自然法的转变"过程,这就是从传统的形式契约观念向现代功利理性的转变。韦伯论证说:"自然法的原则可以分成若干类——第一种是在17、18世纪,因上述已经提到的因素影响下产生的,以'契约理论'的形式表现,尤其是这一理论中的个人性。所有的法律都来自于制定,而制定则依赖于理性的协议。首先,这种协议是真实的,即来源于自由个人之间的契约。它调整着法律制定的形式。其次,在这种意义上的理想是:法律的合法性在于它的内容与自由协议形成的理性秩序观念相一致。这种自然法的本质是'自由',或者说'契约自由'。自愿的理性契约成了自然法结构最普遍的形式原则之一。它成了包括国家在内的所有理性结合之假定真实存在的历史基础,或者至少是调整性的评价标准。像所有形式的自然法一样,这种自然法也被认为是由目的性契约合法取得的权利体系,依赖于充分发展的财产制度所产生的经济协议。"②

基于传统的形式契约观念,人们很容易推导出:"从自然法

---

①　[德]韦伯:《论经济与社会中的法律》,中国大百科全书出版社1998年版,第288页。

②　[德]韦伯:《论经济与社会中的法律》,中国大百科全书出版社1998年版,第289页。

的观点看,'自然'和'理性'是合法的实体性标准。两者是同一的,由此产生的规则也是同一的,因此,有关调整实际关系的一般命题和普遍的行为规则均被认为是一致的。人类理性获得的知识被认为与'事物的本性',或人们现在常说的'事物的逻辑'相一致。'应该'与'存在',即宇宙中存在的东西相一致。根据对法律和伦理的概念所作的逻辑分析而产生的规范,作为自然法,属于具有一般拘束力的规则,'连上帝也不能改变之',任何法律秩序也不可与之相抵触。"①

　　然而,在现代社会,"这种自然法的形式主义因各种原因而被削弱了"。这主要是因为"为了确立与现实秩序相关的制度,自然法不得不接受并非源于契约自由的权利之合法性——(这样),自然法的'理性'很容易滑入功利的思想中去,并且,这一转变本身说明了'合理性'概念的意义转化。在纯粹的形式自然法中,合理性就是从外在的自然或逻辑中演化而来,两者是融通的。但是,最初在英国,'理性'意味着'实践的合适'。由此,可以得出结论,在实践中导致荒唐结果的东西不可能构成自然与理性期望的法律。这说明理性的概念含有实体的假定。事实上,正是由于这种术语上的意义转变,美国最高法院能够不受形式自然法的约束———一旦某项取得的权利与实质性的经济内容,而不是与取得的形式相结合,形式自然法便转变为实体自然法"②。

————————————

　　① [德]韦伯:《论经济与社会中的法律》,中国大百科全书出版社1998年版,第290页。
　　② [德]韦伯:《论经济与社会中的法律》,中国大百科全书出版社1998年版,第290~291页。

　　最后,韦伯还特别论证了自然法的实践意义,他说:"所有的自然法理论或多或少地影响立法和司法。有些自然法理论在其产生的经济条件变化之后依然还存在着,并构成了法律发展过程中的独立因素。从形式上说,它们加强了法律逻辑抽象的趋势,尤其是法律思想中的逻辑趋势。从实体上说,它们的影响是多种多样的——无论是革命前理性主义的现代国家的法典化,还是革命后的法典化,都受到了自然法理论的影响,并且,最终从自然法的理性中推导出法律的合法性。"[1]

　　除了上述法律的一般分类外,韦伯还在不同场合把法律分为实体法与程序法、强制法与社会法、制定法与习惯法等,这里不再详述。

---

①　[德]韦伯:《论经济与社会中的法律》,中国大百科全书出版社1998年版,第293页。

第五章　法律类型理论

一、概述及概念界定

韦伯关于法律类型的思想,是其社会法学思想的核心内容,也是其法律思想最富特色的方面。

韦伯的法律类型理论是建立在其社会行为的理想类型基础之上的。具体说来,韦伯是根据两条标准对法律进行分类的:一是形式标准,据此可以把法律分为形式的法律和实质的法律;一是理性标准,据此可以把法律分为理性的法律和非理性的法律。把这两条标准结合起来,韦伯建构了四种法律类型,即形式合理性的法律、形式非理性的法律、实质合理性的法律和实质非理性的法律(见图表)。韦伯以此来分析人类历史上不同民族、不同国家的法律,其最终目的是为了说明,只有西方国家才可能产生形式合理性的法律及其相应的科层统治。

韦伯建构的法律类型

	理性	非理性
形式	形式合理性的法律	形式非理性的法律
实质	实质合理性的法律	实质非理性的法律

为了更好地理解韦伯的法律类型理论,首先需要弄清韦伯关于"理性"、"非理性"、"实质的法律"以及"形式的法律"等概念。

"理性"是韦伯整个思想理论中的一个核心概念。美国社会学家斯蒂芬·卡尔伯格(Kalberg. S)指出:"事实上,韦伯对这样一个广博而深邃的主题——即西方文化独具特色的理性主义及其特定的起源和发展——的兴趣,构成了他的社会学的中心议题。"①的确,在韦伯那里,"理性"或"理性化"不仅仅是个体社会行为的类型,而且它同时也是一种文化力量,"理性"、"理性化"或"合理性"被韦伯视为与传统主义相互对立的、现代西方文明的总的价值取向,或者说是促进现代西方文明出现的那种独特的价值观、生活态度和社会行为模式。在韦伯看来,制度化结构的兴衰,阶级、政党和统治的交替,都是顺应着世俗社会理性化基本趋势的。

具体说来,韦伯从社会结构和社会生活的多个方面讨论了现代西方世界的理性化,其中涉及经济、政治、宗教、艺术、法律等各个领域。如在经济领域,自由市场促进了理性交易,培养了人们基本的理性意识;在政治领域,科层制度的实行,以卓有成效的统治形式将资本主义的社会组织控制得有条不紊;在宗教领域,由特定训练的神职人员代表着理性化的方向,与非理性的先知、巫师处于对立状态,并且通过大众教育任务的承担,神职人员的智慧和力量都超过巫师和先知,从而使宗教在祛除

---

① [美]Kalberg,S. ,Max Weber's Comparative – Historical Sociology,Chicago:University of Chicago Press,1994,p. 18.

巫魅的过程中变得理性化。这样看来,"理性"或"合理性"的存在就不仅是一个既成的事实,更是一个渐进的过程,它是一个在西方社会变迁过程中,伴随着一步步的工业化而逐步生成的。

关于理性的含义,韦伯认为,在不断自我完善内涵的过程中,"理性"、"合理性"逐渐使自己增加了如下一些意念:(1)可计算性(calculability);(2)可预测性(predictability);(3)可控制性;(4)破除神秘性(demysti – fication)和祛除巫魅(disenchantment)。

在韦伯的社会法学思想当中,"理性"、"理性化"、"合理性"等词语更是得到了广泛的应用,事实上,正如大多数学者共同认为的那样,在宏观的社会结构领域,韦伯对理性和合理性的论述就是肇始于他的法学思想。在韦伯看来,从罗马法的形式主义原则中发展而来的现代西方理性法律,其主要特性就是司法程序的理性化。

在韦伯的社会法学著作中,"理性"一词有多种含义,其中主要包括:(1)理性是指法律的体系化特征,也就是说,理性在法律当中意味着任何法律的结构和判断,都是以统合的方式构成的逻辑清晰的、内在一致的、起码在理论上非常严密的法规体系;(2)理性是指用来说明"基于抽象阐释意义的法律分析方法",这种方法是"无涉个人意念的"、"理解"或"解释"的、社会实证的;(3)理性是指"可以为人类智力所把握",它是能够被人类的理智所控制的一套完整的法律思维方式;(4)理性是指法律程序能够使用合乎逻辑的方法推演和达到其特定和可预期的目的。韦伯认为,在一般情况下,"合理性"表示由法律和法规所支配的事物,在这种意义上,事物的实质内容和事实状态都是合理的。在上述四种有关理性的定义中,韦伯经常使用的是最后一种,这也是韦伯所谓"合理性"的最基本含义。

"非理性"是与理性相对应的概念,它在法律上是指:法律实体和程序与其所要达到的目的之间没有必然的联系。

在韦伯的法律类型理论中,"实质的法律"和"形式的法律"是两个重要的概念。其中,"实质的法律"是指受每个案件特殊性的影响,法律具有很大的伸缩性,它常常依据一定的宗教、伦理、政治价值等外在尺度进行裁决。

"形式的法律"是指严格按照法律规定运作的法律体系,它意味着一切都应该在事先制定好的一般规则基础上作出决定。在这种意义下,司法的任务就在于"把一般的法规运用于特殊情况下的具体事实,从而使司法具有可预测性。司法的形式主义使法律体系能够像技术合理性的机器一样运行,这就保证了个人和主体在这一体系获得相对最大限度的自由,并极大地提高了预防他们行为的法律后果的可能性"①。

韦伯关于"实质的法律"与"形式的法律"的概念,同他对"价值合理性"和"工具合理性"社会行为的划分是一脉相承的。如前所述,韦伯把社

《韦伯:法律与价值》
一书中文版封面

————

① [德]韦伯:《新教伦理与资本主义精神》,读书·生活·新知三联书店1987年版,第14页。

会行为分为合理性行为和非理性行为两大类,合理性行为又分为价值合理性行为和工具合理性行为。所谓价值合理性行为,是指主观上相信行为具有无条件的、排他的价值,而不顾后果如何、条件怎样都要完成的行为。对价值合理性行为来说,行为本身是否符合绝对价值,是必须得到全力关注和解决的问题;所谓工具合理性行为,是指能够以计算和预测后果为条件来实现目的的行为。在工具合理性行为中,着重考虑的是手段对达成特定目的的能力和可能性,至于特定目的所针对的终极价值是否符合人们的心愿,则在所不论。

与"价值合理性"和"工具合理性"对应的概念是"实质合理性"和"形式合理性"。在韦伯看来,实质合理性具有价值的性质,它是关于不同价值之间的逻辑关系判断,实质合理性基本上属于目的和后果的价值,是一种主观的合理性;而形式合理性具有事实的性质,它是关于不同事实之间的因果关系判断。形式合理性主要被归结为手段和程序的可计算性,是一种客观的合理性。

关于价值合理性与工具合理性同"实质的法律"和"形式的法律"的关系,韦伯认为,二者是动态的、辩证的。不过,一般说来,在现代社会,价值合理性更多地对应的是实质的法律,而工具合理性对应的是形式的法律。反过来说,不论是实质的法律还是形式的法律,都有可能是理性的,也有可能是非理性的。因此,从类型的角度来看,法律会产生四种类型,即形式非理性法律、实质非理性法律、实质合理性法律和形式合理性法律。

二、形式非理性法律

它是指执法者以巫术、魔力等非理性的手段进行裁决。这种法律的形式性在于，它要求人们必须按照严格的魔法程序，否则就不可能产生效力；其非理性在于，任何人都不理解"具有魔力效果的程式"会起作用，这类法律的效力来源于法律给予的神圣不可侵犯性，并依靠法律规则运用时的详细程序，依靠这一规则所具有的形式主义的魅力。这种法律的最大特点在于：它完全不具备人类理性所能把握的一般规则或原则，人们无法对任何一个法律决策的结果作出预测。但是，这种法律又带有极端的形式主义色彩，决策的标准内在于法律或程序之中，它要求诉讼参与者的行为都严格遵照某种"具有魔力效果的程式"。

韦伯认为，在形式非理性这种法律类型当中："魔法浸入到整个对争端的调解和浸入到整个对新的准则的创造，这是整个原始法律过程所固有的严格形式的性质。因为对形式上正确地提出的问题，魔法手段才能给予正确的答案。人们不能把任何关于公正或者不公正的问题都诉诸任何魔法手段，而是对任何一种法的问题，都有专门的手段。因此，一种原始的，然而同时又达到固定规则的司法的共同原则是：在由一方进行的对阐述某一诉讼文件的庄严形式的发言中，如果哪怕是最微不足道的错误，结果就会导致有关法律手段，甚至可能整个诉讼的失败。"[1]这也就是说，形式非理性法律的一条重要原则是："倘若

---

① ［德］韦伯：《经济与社会》（下卷），商务印书馆1997年版，第101页。

有最微不足道的偏离在魔法上有效的形式,这些法律事务就无效。"①

韦伯认为,形式非理性法律是人类最早的法律形式。正是由于它属于人类早期思维的产物,"起初的法律判决根本没有'准则'的概念。它们根本不自视为对固定'规则'的应用,我们今天把这看做是判决是不言而喻的。但是,凡构想出一些对行为'适用的'和对裁决争端有拘束力的准则观念的地方,毋宁说,这些准则起初不是被理解为人类章程的产物,或者哪怕是人类章程的课题,而是它们的'合法的'存在一方面是建立在某些特定的习惯本身绝对神圣之上的,偏离这些习惯会招惹恶魔,或者引起精灵的动乱,或者神明的愤怒。它们被视为传统,因而至少在理论上讲是不可改变的。它们必须被认识,要根据习惯作出正确的解释,但是,人们不能创造它们。对它们作解释,落到了那些了解它们最久的人的身上,即生理上'最年长者',或者宗族的最年长者,或者——尤其经常是——巫师和神职人员,因为只有他们在专业上了解魔力而认识和必然认识某些特别的规则:同超感觉的力量打交道的艺术规则"②。

韦伯认为,尽管早期形式非理性的法律不是严格意义上的"准则",但是,另一方面,这时"也有意识地产生了一些规则,作为强加的新的规则。不过,这只能通过一种新的魅力型的对此唯一可能默示的途径来实现。或者通过判决的默示,判定在具体的情况下,什么是合情合理的,这是原始的——这种原始

---

① [德]韦伯:《经济与社会》(下卷),商务印书馆1997年版,第102页。
② [德]韦伯:《经济与社会》(下卷),商务印书馆1997年版,第10页。

形式旨在使制度适应新产生的情况,它的一般的体现者是巫师,或者一座神谕所里的神职人员,或者一位先知。同时,从解释旧传统到解释新制度,其过渡界限当然是模糊的。因为对于前者来说,一旦长老或者神职人员的智慧山穷水尽,也只好走相同的路了。但是,在法律过程中,在确定事实有争议时,为了确定事实,走这条路同样是不可缺少的"①。

韦伯认为,尽管这种原始的法律类型是非理性的,但是它本身却包含着严格形式主义因素,而这种严格的形式主义因素对近代西方法律,特别是证据法所具有的严格形式化特征的形成产生了显而易见的影响。此外,这种原始法律类型的某些遗迹至今仍然保留在英国的普通法中,如由原始12邻人作证而来的英国现代陪审团制度,虽然陪审团取代了神和巫术的位置,使英国法中的魔法因素进一步减少,但是,由于这些外行陪审员的决策仍然像神谕一样并不遵循既定的一般性规则,因而同样难以预测,所以它仍然是一种非理性的制度。这与由罗马法发展而来的经过咨询法学家而产生的罗马"平民陪审员"制度的理性化完全不同。

三、实质非理性法律

它是指按照宗教首领或长者的意志执行的法律体系。其最大特点是裁判者按照神的启示或者他们所信奉的伦理原则决定案件,也就是说,这种类型的法律不具备一般性的规则,决策标准也外在于法律,受宗教、情感和伦理等因素制约。这种"依

---

① ［德］韦伯:《经济与社会》(下卷),商务印书馆1997年版,第100～101页。

仗虔敬支撑的权威的权力、神权政治、世俗王公"进行裁判,只能"创造无形式的法"①。

在这种实质非理性法律中,不仅不具有形式性,而且是非理性的:"判决手段具有彻底的非理性性质,因此,在判决中实现的'客观的'法,只要没有完全普遍的承认严格的传统的准则,也是完全不确定的,是可伸缩的。具体的判决缺乏任何逻辑上合理的说明。即使在不是由一位神、或者一种魔法的证明手段,而是由一位有魅力品格的智者的宣判,或者后来由一位熟谙传统的长者、或者由一位宗族长者、或者一位选任的仲裁法官、或者一位终身选任的法律指导(法律发言人),或者由一位政治的统治者所强加的法官作出诉讼判决的地方,情况也是如此。"②

这种法律"没有任何的理性化,而且尽管在实际上在很大程度上对于宗教的、从理论上讲在这里是强制性的准则漠然置之,在偏离时,也缺乏有可靠的适用保障"③。从本质上讲,这种法律"根本不可能最佳地适应向这种对具体个案都符合适当感和公正感的法律维护所提出的种种实质要求的需要"④。因为这种"司法都是根据具体的感觉进行判决,根据受伦理——或者社会政策制约的感觉进行判决"⑤。

韦伯认为,实质非理性法律比较典型的如伊斯兰法律中的"卡迪审判(Khadi – justice)",穆斯林法官卡迪不参照任何规则

---

① [德]韦伯:《经济与社会》(下卷),商务印书馆1997年版,第140页。
② [德]韦伯:《经济与社会》(下卷),商务印书馆1997年版,第102页。
③ [德]韦伯:《经济与社会》(下卷),商务印书馆1997年版,第147页。
④ [德]韦伯:《经济与社会》(下卷),商务印书馆1997年版,第142页。
⑤ [德]韦伯:《经济与社会》(下卷),商务印书馆1997年版,第143页。

或规范,而是以变通的方式使用证人证言或神的启示作出判决。他指出:"主要的是伊斯兰教的组织:既没有宗教大会也没有一种不犯过错的导师的地位,制约了这种由神圣的法发展为固定化了的法学家的法。在实际的效果上,神圣法的直接的适用,仍局限在某些特定的基本制度上,即大体上讲局限在一个比如说比中世纪的天主教教会法大不了多少的实际法律事务的范围内。不过,神圣传统的、统治原则上的普遍主义具有这样的后果,即不可避免的革新一般仅仅能够依仗获得或骗取用来对具体个案的法律鉴定,或者依仗不同的、相互竞争的、正统的学派有争议的决疑论证。从中可以看出,除了从前提到过的缺乏法律思想形式的理性外,首先不可能为了法的内在和外在的统一化的目的而系统地立法。尽管有种种的适应,神圣的法既不可能消除,也不可能真正在实践中贯彻。官方准许的法学家,即以伊斯兰酋长为首的穆夫提的标准答辩——必要时会被卡迪法官或者被有关利益者所采用,这种答辩极其强烈地受到机会主义的制约,摇摆不定,因人而异,它们下达的方式同神谕一样,没有说明合理的理由,没有对法的理性化作出哪怕是最微不足道的贡献,甚至可以说,在实际上还增加了神圣法的非理性。"①

四、实质合理性法律

它是指把成文规则和案件的特殊情况结合在一起进行考虑的法律体系。这种类型的法律其合理性在于,它规定了一般的

---

① 〔德〕韦伯:《经济与社会》(下卷),商务印书馆1997年版,第151页。

规则和程序;其实质性在于,它可以以伦理、宗教、政治等价值观念修正这些规则,以保证个案的结果公正。

在韦伯看来,实质合理性法律的主要例证是僧侣或教士控制的法律体系和家族制的法律体系。

(一)僧侣或者教士控制的法律体系

韦伯认为,人类最早期的法律是形式非理性的,但是,随着人类理性的增加,"古老的人民司法,起初是宗族之间的陪罪程序,处处都受到王公和魔法的权力(革出教会、最高统治权)的影响,在有些情况下,也被有组织的神职人员的影响所篡夺,使他摆脱原始形式主义的非理性,而且与此同时,法的内容也受到这些法的势力持久的影响,亦即根据统治性质的不同而有所不同。王公们的和僧侣统治者们的权力机构愈是一种理性的、通过'官员'做中介的机器,他们的影响——总是意味着以某一种方式使之理性化"。然而,问题是这种所谓的理性化,并不是一种形式上的理性化,而是一种王公、僧侣们自认为的实质合理。即"非常明显,也只有在或者前面那些权力(王公僧侣们的权力)自己的、理性的行政管理的利益给他们指明这条道路(如教皇的教会管理机构),或者他们与强大的、对法和诉讼的理性性质有着强烈兴趣的有关法的利益者的群体结成同盟,如中世纪行将结束之际和近代罗马的市民阶级等等的情况下,那些权力才会有这些理性的倾向。凡是没有这种同盟的地方,法的世俗化和严格形式的法学思想的细致化,就会在初始阶段止步不前,或者恰恰还反其道而行之。一般而言,原因就在于不管僧侣统治者还是世袭的王公们,他们的'理性主义'都具有'实质的'性质。它所追求的不是形式法学上最精确的、对于机会的可预计性以及法和诉讼程序中合理的系统性的最佳鲜明性,而是在内容上最符合那些‘权威’的实际的功利主义和伦理的要求的明显特征”①。

（二）家族制的法律体系

在纯粹“父权家长制的”法律行政管理中,“只要在规章占统治地位的地方,从根本上可以说是一种‘法’的话,这种法根本是无形式的。法律行政管理追求的(是)实质的查明真理”②。在这种严格父权家长制的王公司法中,其实质合理性的特征往往表现在:“消灭了主观权利形式的保证和严格的‘审理原则’,以便争取达到在排解利益冲突时能实现一种客观上‘正确的’,符合‘公平要求’的结果——(这种法律)在遵守坚定的原则意义上,很可能是符合理性的,然而,倘若它是理性的,并非在其司法思维手段的逻辑的理性意义上,而是执行社会秩序的实质原则的意义上,不管这些原则是政治内容的,福利功利主义内容的,还是伦理内容的。法律维护和行政管理在这里也合二为一了,但是,并非在整个行政管理采取法律维护的形式意义上,而是在相反的意义上,即整个法律维护都具有行政管理的特点的。王公的行政官员同时也是法官,王公本人通过‘内阁司法’的途径随意干涉法律的维护,根据自由酌情判断,根据公平观点、适当性观点和政治观点进行判决,把法律保障看做一种在很大程度上自由的恩赐,在具体情况下是一种特权,决定着法律维护的条件和形式,并消除法律过程中非理性

---

①　［德］韦伯:《经济与社会》(下卷),商务印书馆1997年版,第138～139页。

②　［德］韦伯:《经济与社会》(下卷),商务印书馆1997年版,第169页。

的形式和取证手段,以利于官方查明真相。"①

　　韦伯进一步认为,在父权家长制的法律体系中,其法律实质合理性的特点还在于:"最高统治权的这种对法律的维护和法的形成的干涉,表现在极为不同的文化阶段上,它不是受经济制约的,而是主要受政治的制约——凡是(世俗的或者神职人员的)王公为现行的宗教利益效劳的地方,而且特别是在不是一种仪式主义的宗教,而是一种思想的宗教在其要求之中由它进行宣传的地方,父权家长制的行政管理的这种反形式的、实质的性质,往往达到登峰造极的地步。此时,所有神权政治反形式的倾向,就与一种旨在养成正确的内在特征的、父权家长制的福利关怀不拘任何形式地结合在一起,而且在这个情况下,也不受平常还适用的仪式主义的、因而也是形式的神圣准则的限制,在这里,福利关怀的行政管理接近于'灵魂关怀'的性质。法和习俗之间的界限、法律强制和父辈的告诫之间的界限,立法的动机和目的与法律技术手段之间的界限,统统被摧毁得荡然无存。"②

五、形式合理性法律

(一)形式合理性法律的含义

　　它是现代西方所特有的法律类型,也是法理型统治的基础,只有在这种形式合理性法律统治下的社会才能称为"法治

---

　　① [德]韦伯:《经济与社会》(下卷),商务印书馆 1997 年版,第 169 ~ 170 页。
　　② [德]韦伯:《经济与社会》(下卷),商务印书馆 1997 年版,第 170 ~ 171 页。

社会"。韦伯认为,形式合理性法律"来源于罗马法中的形式主义审判原则的法律体系,它由一整套形式化的意义明确的法规条文组成。它把每个诉讼当事人都以形式上的'法人'对待并使之在法律上具有平等的地位,它只依据法律条文对确凿无疑的法律事实作出解释和判定,而不考虑其他伦理的、政治的、经济的实质正义的原则,同时还要排除一切宗教礼仪、情感和巫术的因素"①。

美国法学家伯尔曼在解释韦伯的形式合理性法律时指出:"以'形式合理'(Formal Rationality)为特征的法律理想类型是这样一种类型:其中法律表现为一种逻辑一致的抽象规则的结构,根据这种结构,能够认定特定案件和问题中的有效事实并解决这些案件和问题。"②"在法律中,形式合理表示通过逻辑概括和解释的过程对抽象规则的系统阐述和适用;它强调的是通过逻辑的方法搜集全部法律上具有效力的规则并使之合理化,再把它们铸造成内部一致的复杂的法律命题。相比之下,实质合理突出的方面不是符合逻辑的一致性,而是符合道德考虑、功效、便利和公共政策。"③

(二)形式合理性法律产生的条件

(1)形式合理性法律只有在基于罗马法传统的西方社会才能产生

---

① 苏国勋:《理性化及其限制——韦伯思想引论》,上海人民出版社 1988 年版,第 154 页。
② [美]伯尔曼:《法律与革命——西方法律传统的形成》,中国大百科全书出版社 1993 年版,第 654 页。
③ [美]伯尔曼:《法律与革命——西方法律传统的形成》,中国大百科全书出版社 1993 年版,第 655 页。

韦伯认为,形式合理性法律的本质在于"用规章取代特权"①,这种类型的法律只有在基于罗马法传统的西方社会才能产生。因为"只有西方有充分发展的部落审判大会合作社式的司法和世袭制度的等级固定化。也只有它有过合理的经济的成长,合理经济的体现者们为了推翻等级的权力而同王公的政权结盟,但是后来又革命似的掉转枪口反对它,因此,只有西方才有自然法;只有它才彻底清除法的人格性和这条原则:'任意专断破坏国家法的约束力';只有它才让罗马法特性的这样一种形态产生,并经历过一个接受罗马法的过程。这一切极大部分是由具体的政治所引起的过程,在世界的其他地方,很少有类似的情况"②。

(2)形式合理性法律必须以法典编纂为要件

由于在形式合理性法律之下,一切都以抽象的无人格化的规则为依据,因此,无论是最高统治权的掌有者,还是一般市民阶层,都内在地要求编纂成文法典。

首先,就前者来说:"最高统治权,特别是王公的最高统治权对法律生活的干预,它的权力愈是强大,愈是长久,就愈是到处具有一种趋向于法的统一化和系统化的特色:趋向于法的'编纂'。王公想要秩序,他想要他的国家的统一和完整,而且是基于一种既源于行政管理技术的需要也源于他的官员们个人利益的原因:通过法的统一才可能在他统治的整个区域内毫无差别地使用他的官员,而无差别地使用官员又扩大了他的官

---

① [德]韦伯:《经济与社会》(下卷),商务印书馆1997年版,第172页。
② [德]韦伯:《经济与社会》(下卷),商务印书馆1997年版,第202页。

员升迁和发迹的机会,他们现在不再因为自己仅仅懂得本地区的法而被束缚在他的出生所在地区。官员们普遍争取能'统观'法律,资产阶级的各个阶层则争取司法的'可靠性'。"①

其次,对于一般市民阶层来说,他们也认为法典编纂是达到形式合理性法律的条件,也就是:"尽管官员的利益、资产阶级的获利利益和王公的财政和行政管理技术的利益实际上曾经是法典编纂的一般载体,但,他们并非因此而是唯一可能的载体。其他政治上受统治的阶层哪怕是仅仅作为一个市民阶层,也可能对明确确定的法律感兴趣,他们向统治的权力提出自己有关的要求,后者被迫或者自愿向他们让步,而这种统治的权力并非必然是王公诸侯们。"②

正是因为上述两种原因,系统的法典编纂则构成形式合理性法律的重要(当然不是唯一)的前提。在这种情况下,法律以其规则的明确化、理性化构成人们日常法律生活的一种普遍的、有意识的常态。

(3)职业法学家对形式合理性法律产生有重要意义

韦伯认为,法律的形式性与合理性的典型表现是法律技术的日臻完善,而法律技术的发展和完善与职业法学家的贡献密不可分。韦伯指出:"法的形式的品质从原始法律过程中的受魔法制约的形式主义和受默示制约的非理性的结合发展起来,可能是经由受神权政治或者世袭制度制约的、实质的和无形式的目的理性的曲折道路,发展为愈来愈专业化的、法学的即逻

---

① [德]韦伯:《经济与社会》(下卷),商务印书馆 1997 年版,第 173 ~ 174 页。

② [德]韦伯:《经济与社会》(下卷),商务印书馆 1997 年版,第 174 页。

辑的理性和系统性,而这样一来——首先从外表观察——就发展为法的合乎逻辑的升华和归纳的严谨,以及法律过程的愈来愈合理的技术。"①韦伯认为,以"纯粹专业的法律逻辑"为特征的法律技术只能是法学家的专利。事实也的确如此,从古老罗马五大法学家,到中世纪的注释法学家,到近代的分析法学家和历史法学家,"法学家专家法形成的阶段,也只有在西方达到充分的程度"②。正是由于法学家的不懈努力,法律才能逐步走近形式合理性。

(4)成熟的专门法学教育是形式合理性法律存在和发展的重要条件

韦伯认为,形式合理性法律存在的另一个重要条件是专门的、成熟的大学法学教育。他说:"法律思维培训的典型类型是现代的、理性的大学法学教育培养——它(形式合理性法律)现在处处都与经验的法学教育结合在一起。"因为"它所形成的概念具有抽象准则的性质,原则上讲,这些准则是通过逻辑意义的阐释形成的,具有严密的形式,是理性的,而且相互间划清界限。它的理性的、系统的性质可能导致法律思想更广泛地从法的有关利益者的日常需要中解脱出来,同样也可能导致它的内容减少了直观的生动性。法律教学的被激发出来的、纯粹逻辑需要的力量以及它所控制的法律实践的力量,可能具有这样的后果——理性的、但是不具有法学形式的法律教学的一种奇特的特殊形式,就是通过神职人员学校或者附属于神职人员学校

① 〔德〕韦伯:《经济与社会》(下卷),商务印书馆1997年版,第201页。
② 〔德〕韦伯:《经济与社会》(下卷),商务印书馆1997年版,第202页。

的法律学校所进行的法律教学的最纯粹的类型——这类学校的法律教学一般是由一部神圣的法开始的,即或者由一部圣书或者通过固定的卡头的或者后来文献的传统确定下来的神圣的法,它一般在下述特殊意义上具有理性的性质:它偏好于搞一种决疑论,这种决疑论是纯理论构想的,不一定与法的有关利益者的实践需求为取向的,即渊源于学者们某种自由活动的唯理智论的需要的。"①韦伯这里的意思是说,法学教育中的纯理性思辨为形式合理性法律创造了又一基本条件。

(5)律师业和陪审制度是形式合理性法律存在和发展的"排气阀门"

韦伯指出:"对于法的形式主义来说,也有一些'排气阀门'。虽然在私法领域里,习惯法和今天也包括公正判决,由于判例的约束,在实际操作中在很大程度上是'形式主义'的,受传统约束的律师业就为此作出贡献。"②显然,律师以其特有的职业特性,从另一个相反的方向维护了法律的形式合理性。

关于陪审制度,韦伯认为,陪审制度本身具有"大众司法性质所制约的特性",按一般道理来说,它的确是出于实质合理性的考虑,但是,"另一方面,对这种外行们的司法,法学专业教育的反应是要求这些门外汉在执行司法时应该置于专家的监督之下,因为他们的宣判在形式法学上往往破绽百出,几乎可以撤销,既未陈述理由,亦无实质的反驳的可能性,因此,完全是按照非理性的神谕方式进行宣判的。所以要求设立混合的合

---

① [德]韦伯:《经济与社会》(下卷),商务印书馆 1997 年版,第 122 ~ 123 页。

② [德]韦伯:《经济与社会》(下卷),商务印书馆 1997 年版,第 211 页。

议机构,种种经验表明,在这种机构里,业余法官一般都屈从于专业法学家的影响,使得他们的出席实际上往往只是对有专业法官考虑的某种公众舆论强制的意义"①。这也就是说,陪审制通过陪审人员对专业法官的监督,从而达到了从侧面保障法律形式合理性的目的。

(三)形式合理性法律的分类

形式合理性法律又可以分为两类:附带的形式合理性法律和逻辑的形式合理性法律。附带的形式合理性法律是指为固守法律形式主义,往往导致对法律文件和法律语言的曲解和诡辩,却不带来法律的精密化。

逻辑的形式合理性法律是指以法国民法典和德国民法典为代表的最高阶段的形式合理性法律。这种逻辑的形式合理性法律具有这么几个特征:其一,每一个具体案件的判决都是基于抽象的法律规则适用于具体的事实情况;其二,通过逻辑方法创制的实在法抽象规则可以为每一个具体情况提供判决依据;其三,实在法构成一个天衣无缝的规则体系;其四,每一个社会行为都可能也必须是构成对法律规则的服从、触犯和适用。

韦伯对法律类型理论的论述,特别是他关于形式合理性法律的论述,其目的在于阐发西方法律史所特有的理性化过程,即回答法律的形式化和理性化为什么只有在西方才出现。此外,韦伯的法律类型理论为阐发其统治类型理论奠定了基础。

---

① [德]韦伯:《经济与社会》(下卷),商务印书馆 1997 年版,第 213 页。

第六章　统治类型理论

一、概述

统治社会学在韦伯的社会法学体系中占有重要地位,他在《经济与社会》一书中运用了大量篇幅论述统治类型理论。

韦伯认为,"在其最普遍的、不联系具体内容的概念上,'统治'是共同体行为的最重要的因素之一"①。因此,"在权力的十分一般的意义上,亦即在把自己的意志强加给他人行为的可能性的意义上,统治可能以形形色色的、十分不同的形式出现"②。诸如债权人向债务人索债、法官判决罪犯、老师对学生教学、学术研讨会上发言等都可以是"统治"一词的含义。"但是,如果概念的含义如此广泛,那么,'统治'就不是一种科学上可以应用的范畴了。对在那种最广义上的'统治'的一切形式、条件和内容作全面的决疑论证,在这里是不可能的。因此,我们只能设想,除了无数其他可能的类型外,统治有两种相互尖锐对立的类型:一方面是依仗利益状况(特别是依仗垄断地位)

---

① ［德］韦伯:《经济与社会》(下卷),商务印书馆1997年版,第263页。
② ［德］韦伯:《经济与社会》(下卷),商务印书馆1997年版,第264页。

的统治;另一方面是依仗权威(命令的权力和听从的义务)的统治。"①(参见下图)

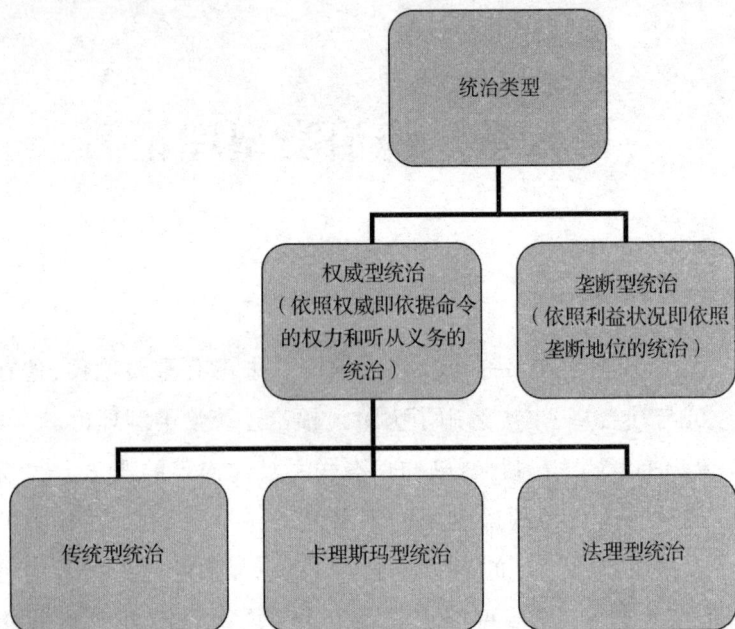

```
                    统治类型

        权威型统治                    垄断型统治
    (依照权威即依据命令            (依照利益状况即依照
     的权力和听从义务的              垄断地位的统治)
         统治)

   传统型统治      卡理斯玛型统治      法理型统治
```

　　这里首先解释一下韦伯的垄断型统治。韦伯认为,垄断型统治最地道的类型是市场上的垄断主义的统治。这种统治仅仅建立在依仗某种方式保障的对财产的占有或者依仗于精于市场的技巧,这种统治对于被统治者仅仅是出于统治者自己利益的、形式上的自由行为所施加的影响。例如,任何大的中央银行或者大的信贷银行,常常依仗市场上的垄断地位施加"统治"的影响,他们可以对信贷寻求者强加提供信贷的条件,即在很大程度上影响着他们的经济行为,以利于他们自己企业资金

---

① 〔德〕韦伯:《经济与社会》(下卷),商务印书馆 1997 年版,第 265 页。

的支付能力,因为信贷寻求者为了自己的利益不得不服从于他们必不可少的提供信贷的条件,而且可能必须通过保证来确保这种服从。在这种情况下,虽然信贷银行并没有因此而要求信贷者必须承认它的权威,但是,事实上,信贷者为了自身的获得信贷的利益,它只能处于被统治的顺从的地位。这种情况反映在任何一种哪怕是很不充分的垄断行为当中,凡是有垄断存在的地方,尽管也可能存在着一定程度的竞争,信贷者也可能在广泛的范围内,请求交换的对手和交换的竞争者考虑如何确定其价格,但是,事实上,他们在很大程度上仍然是垄断者利益的牺牲者,他们不得不逆来顺受地屈从于垄断者的"统治"。

韦伯对统治类型的关注,主要集中于对权威统治的研究。韦伯认为:"虽然纯粹市场的统治者或者由利益状况制约的统治,恰恰由于它的无规则性,令人感到远比一种明确通过某种特定的顺从义务来调节的权威更加咄咄逼人。但是,这对社会学概念的形式并不重要。"①这也就是说,垄断型统治并不是社会学包括社会法学应当关注的重点,社会法学关注的统治类型的重点是权威型的统治。

韦伯指出:"我们应该用狭义的统治的概念,它同有利益状况,特别是市场制约的、处处都在形式上建立在利益的自由回旋的基础之上的权力,恰恰背道而驰,也就是说,它与权威的命令权力是一致的。因此,在这里应该把统治理解为这样一种事实:即'统治者'或者'统治者们'的一种宣告了的意志(命令)想影响其他人('被统治者'或者'被统治者们')的行为,而且

---

① ［德］韦伯:《经济与社会》(下卷),商务印书馆 1997 年版,第 268 页。

事实上也这样影响着其他人的行为,使这种行为在一种对社会重要的程度上来这样进行,仿佛被统治者本身把命令的内容作为他们行为的准则。"①也就是说,依照权威即依据命令的权力和听从义务的统治,或者简言之,只有权威型统治才是社会法学真正要关注的对象。

关于权威型统治,韦伯重点强调如下几点:

(1)与行政管理结合起来的统治是最典型的权威型统治

韦伯认为,权威型统治的最典型形态是该统治与行政管理相互结合的情况。他说:"在这里,'统治'令我们感兴趣的,首先是一旦它同行政管理结合起来的状况。任何(权威型)统治都表现为行政管理,并且作为行政管理发挥其职能。任何行政管理都在某种方式上需要统治,因为进行行政领导总是必须把命令权力置于某个人的手中。"②之所以说与行政管理结合起来的统治是最典型的权威型统治,是因为只有这种统治是完全"建立在一种被要求的、不管一切动机和利益的、无条件顺从的义务之上"③。

当然,韦伯也承认,除了这种最典型的权威型统治之外,还"有无数的过渡形式——不言而喻,一种统治关系的存在首先可以是双方的。不同职权管辖范围的现代官员(例如可能相互一同处于)统治关系的命令权力之中,相互隶属,每一个官员又在另一个官员的权限范围之内,相互隶属。这并不会造成概念上的困难。但是,例如在订制一双鞋子时,是鞋匠'统治'着顾

①　[德]韦伯:《经济与社会》(下卷),商务印书馆1997年版,第269页。
②　[德]韦伯:《经济与社会》(下卷),商务印书馆1997年版,第271页。
③　[德]韦伯:《经济与社会》(下卷),商务印书馆1997年版,第265页。

客,或者反之,后者'统治'着前者?在具体的情况下,回答将是很不同的。但是几乎总是可以这样说:双方中每一方的意志,都在事情的局部领域里,不顾对方的反对,影响了对方的意志,也就是说,在这个意义上'统治'了对方——在我们方面,凡是村长、法官、银行家、手工业者能对下达的指令本身要求'服从',并且(在一种对社会至关重要的程度上)也得到服从的地方,而且仅仅在这种地方,我们将处处同样地说他们是在'统治'。仅仅通过联系'命令权力',才产生我们勉强可用的概念的范围,尽管必须承认,在这里,在生活的现实中,也存在着种种的'过渡'。不言而喻,对于社会学的观察来说,至关重要的不是这样一种权力的从某一项准则在教条上和法学上可以引申的'思想的'存在,而是它的实际的存在。但是,对于社会学的观察来说,当然是从这样的事实出发的:即'实际的'命令权力一般要求一种'法律上'存在的规范的制度的'额外追加因素',因此,社会学的研究,如果必要的话,也要利用法学上的概念"①。韦伯这里的意思是说,权威型统治除了最典型的与行政管理结合的形式以外,还有许多过渡形式,这些过渡形式,从纯粹社会学的角度研究有着十分丰富的内容,但是,从社会法学角度来看,只要这一系列法过渡形式当中存在着权威与服从的实质因素,那么,它就属于权威型统治。

(2)被统治者的服从是权威型统治的基础

韦伯坚信,权威统治要想成为现实,就需要统治者的意志

---

① 〔德〕韦伯:《经济与社会》(下卷),商务印书馆1997年版,第269～270页。

为被统治者所接受,被统治者的服从是权威型统治的基础。韦伯对"服从"一词的解释是:"服从应该意味着,服从者的行为基本上是这样进行的,即仿佛他为了执行命令,把明理的内容变为他的举止的准则,而且仅仅是由于形式上的服从关系,而不考虑自己对命令本身的价值或无价值有什么看法。"①按照韦伯的说法:"(权威型)统治应该叫做在一个可能标明的人的群体里,让具体的(或者一切的)命令得到服从的机会。因此,不是任何形式的对别人实施'权力'和'影响'的机会。这个意义上的统治权威,在具体的情况下,可能建立在服从的极为不同的动机之上;从模糊的习以为常,直至纯粹目的合乎理性的考虑。任何一种真正的统治关系都包含着一种特定的最低限度的服从愿望,即从服从中获取外在和内在的利益。"②

韦伯认为,被统治者服从权威型统治的动机是多种多样的,或者出于情感、或者出于利益、或者出于伦理。韦伯指出:"并非任何统治都利用经济手段,更不是任何统治都有经济目的。然而,任何对于很多人的统治,一般(不总是绝对必要)都需要有一班人(行政管理班子),也就是说,需要有一般来说可靠的机会,让一些可以标明的、可靠的服从的人采取旨在特意为执行统治的一般法令和具体命令的行动。行政管理班子对统治者或统治者们的服从,可能出于习俗,或者纯粹由于情绪,或者受到物质利害关系,或者受到思想动机(价值合乎理性)所约束。"③

---

① [德]韦伯:《经济与社会》(下卷),商务印书馆1997年版,第240页。
② [德]韦伯:《经济与社会》(上卷),商务印书馆1997年版,第238页。
③ [德]韦伯:《经济与社会》(上卷),商务印书馆1997年版,第238页。

韦伯进一步指出,从统治者的角度看,要想让被统治者服从,有两种基本形式:纯粹的强力控制和动用一定的手段使被统治者自愿服从。韦伯论证说:"如果人们想以这里所接受的统治的概念为基础,那么采用'仿佛'这种笨拙的措辞就不可避免,因为一方面对于我们的目的来说,不是纯粹的外在的结果即命令的实际被执行就足矣,因为它作为一种'适用的'准则被接受的意向对于我们来说不是无所谓的,——但是另一方面,从发出命令到执行的因果环节上,从外表看可能是极为不同的。单纯从心理上看:一项命令可能通过'移情'、或者通过'灵感',或者通过理性的'规劝',或者通过影响着这三种主要形式的若干因素的结合,就能达到一个人对另一个人的影响。同样在具体的动机中,在具体的情况下,命令被执行可能基于自己相信它的正确性,或者基于义务感,或者出自恐惧,或者出自'麻木的习惯',或者为了自己的实惠,从社会学的意义上讲,对这些动机的区分并非是必要的。但是另一方面,根据在统治效力的一般基础中某些基本的区分,将会发现统治的社会学的性质是不同的。"①

(3)权威统治必须是合法的统治

韦伯指出,在权威统治类型中,仅仅使被统治者服从对于持续稳定的统治来说是远远不够的。权威统治必须是合法的统治。韦伯指出:"一种统治的'合法性',只能被看做是在相当程度上保持和得到实际对待的机会。这远不是说,对一种统治的任何顺从,首先(或者哪怕是仅仅往往)以这种合法性的信仰

---

① ［德］韦伯:《经济与社会》(下卷),商务印书馆1997年版,第269页。

为取向。顺从可能是个人或整个群体纯粹出自机会主义的原因,是一种虚情假意的奉承,也可能出自自己的物质利益而实际上言听计从,也可能由于个人的软弱和束手无策,不可避免地加以忍受。然而,这不是对一种统治分类的准则,而是它的固有合法性要求按其种类在相当程度上适用,巩固它的持久存在。"①

因此,必须使被统治者有"对统治合法性的信仰",即使是纯粹的强力控制,也应该通过信仰体系变为合法统治。从这个意义上,韦伯将纯粹以暴力方式所达到的控制排除在"统治"之外。

正是对于统治合法性的追求,使韦伯坚定地认为,合法性是正当和稳定统治的基础,合法性是比各种服从动机更为根本的东西。因此,根据统治的合法性区分统治类型是恰当和必要的。

韦伯用很大精力研究统治类型理论

按照统治的合法性根据,即统治者依据什么有权统治及被统治者为什么要服从这种统治,大体可将权威型统治划分为三种类型:传统型统治、卡理斯玛型统治和法理型统治。

二、传统型统治与法律

韦伯说:"如果一种统治的合法性是建立在遗传下来的('历来就存在的')制度和统治权力的神圣的基础之上,并且

---

① [德]韦伯:《经济与社会》(上卷),商务印书馆1997年版,第240页。

也被相信是这样的,那么,这种统治就是传统型的。"①这就是说,传统型统治是指建立在对个人权威的信仰和服从基础之上的统治,并且人们服从的个人权威纯粹是基于神圣化的传统和习俗,在这种统治下,服从个人本身就是社会的一贯传统。

传统型统治在法律方面有如下特征:

(一)缺乏理性法律的制定

在传统型的统治中,以绝对个人权威为中心的传统习俗起着决定性的作用,法律不可能被有意识地、合乎理性地制定出来。这种统治下,即使存在法律,也只能到习俗、惯例中去寻找根据。韦伯明确指出:"在传统型统治的纯粹的类型中,不可能有意通过章程,重新制定法律和管理原则。因此,实际上的重新立法只能被视为历来就适用,只能通过对判例的确认取得合法地位。作为律例发现的遵循手段,只有传统的文件可以考虑:先例和判例。"②

韦伯认为,传统型统治之所以缺乏理性法律的制定,是因为这种统治在某种意义上说根本就不需要法律。因为统治者是依据传统遗留下来的规则确定的,人们对统治者的服从是由于传统赋予统治者的固有尊严,而不是因为法律。在最简单的情况下,传统型统治的统治者不是"上司",而是个人的"主子"。统治者的行政管理班子首先不是由官员组成,而是统治者个人的"仆从",被统治者不是团体的成员,而是传统的同志或者臣仆,决定行政班子同主子的关系,不是事务上的职务职

---

① ［德］韦伯:《经济与社会》(上卷),商务印书馆1997年版,第251页。

② ［德］韦伯:《经济与社会》(上卷),商务印书馆1997年版,第253页。

责,而是奴仆的个人忠诚。

当然,韦伯认为,传统型统治虽然缺乏理性法律的制定,但是,这种统治类型本身在历史上还是有合法性依据的,因为这种统治虽然不服从章程,然而,它毕竟服从由传统决定的统治者,这种意义上的统治者在两种意义上是合法的:其一,部分是根据传统,传统明确决定着法的内容,在传统所信仰的意义和规模上是合法的;其二,部分根据统治者的任意专断,传统赋予这种任意专断以合法的意义。

显然,在传统型统治之下,统治者的确认及其权力的行使不是依据法律,而是依据传统习惯。统治者产生的依据是价值不合理性的传统,而不是形式合理性的法律规则。人们对统治者的服从也不是基于法律的规定,而是传统赋予统治者的固有尊严。

（二）行政班子的任命与管理不是依照法律进行

传统型统治在早期并没有健全的行政班子,其成员严格服从统治者本人,他们的行为并不遵循一定的章程。随着行政管理班子的出现和完善,传统型统治发展到高级阶段,但其成员的任命与管理根本不是依据法律进行,而是依据对统治者的恭顺、忠诚等纽带任命和管理,因此,在传统型统治的发展过程中,法治并没有得到发展,所得到发展的不过是更高形式的专制。

具体说,在传统型统治下,即使存在所谓的行政管理班子,"在纯粹的类型中,传统型统治的管理班子（也）缺乏:(1)按照事务规则所确立的、固定的权限;(2)固定的、合理的等级制度;(3)通过自由的契约并按规定任命官员和按规定晋升;(4)专业业务培训(作为准则);(5)经常性的固定薪金和更为经常性的用货币支付的薪金"①。

韦伯对传统型统治中行政管理班子的任命不是依据法律进一步解释说,传统型统治中所谓的行政管理班子,其成员并没有固定的权限,其对任务的执行完全是由统治者任意专断下达的,即使到后来所有被授予持久性权限的受托者,也都是统治者的家臣;家臣和宠信往往是按纯粹的世袭方式招募的,统治者在形式上可以自由酌情决定调遣他们;统治者的一切家臣和宠信都缺乏合理的培训作为基本的任职资格;家臣和宠信的吃穿都由统治者本人家中供应,这同法理型统治下公务人员的工资薪金制有很大的区别。

(三)老年政治、世袭制是传统型统治的典型表现

在传统型统治条件下,"老年人政治和纯粹的家长制统治影响最大"②。因为在传统型统治中,"只要从根本上在团体里实施统治,最老的人(原来字义上是从年龄上讲年纪最大的人)作为最了解神圣传统的行家,来实施统治,这种状况就叫做老年政治。它往往存在于主要不是经济的团体或家庭的团体之中,在一个往往主要是经济的和家庭(家族)的团体之内,由一个一般根据基础的规则而确定的个人,实施统治,这种展开就叫做家长制。老年人政治和家长制并存并非罕见"③。显然,在传统型统治中,老人对传统的了解更胜于年轻人,因此被赋予了更为重要的角色,老人以其家长和传统的权威,往往以服从

---

① [德]韦伯:《经济与社会》(上卷),商务印书馆1997年版,第254页。
② [德]韦伯:《经济与社会》(上卷),商务印书馆1997年版,第264页。
③ [德]韦伯:《经济与社会》(上卷),商务印书馆1997年版,第257页。

传统和尊重长者为由要求其他人绝对服从,所以,在这种类型的统治中,服从统治者等于服从传统。也是在这种老年政治中,八十岁的人决定六十岁的人退休是很正常的事情。

韦伯进一步认为,传统型统治很容易走向世袭制,他说:"任何首先以传统为取向、然而依据充分的固有权利实施的统治,都应该叫做世袭的统治。"①因此,"随着统治者的纯粹个人的行政管理和军事参谋班子的产生,任何传统型的统治都倾向于走向世袭制"②。这种"世袭的统治,尤其是等级世袭的统治,在纯粹类型的情况下,按照私人的、被占有的经济机会的方式,来对待一切统治权力和经济的统治权利。这并不排除它在本质上区分这种权力和权利。特别是它以单独调节的形式,占有它们当中重要的一部分。尤其是把对法律和军事统治的占有,看做是占有者对待占有纯粹经济的(领地的或者捐税的或者收取手续费的)机会的等级特权地位的法律基础"③。韦伯这里的意思是说,传统型统治导致世袭制,而在世袭制中,一切权力和权利,包括经济的权利都像统治者对法律和军事权力的垄断一样,构成私人家族世袭的基础。

三、卡理斯玛型统治与法律

(一)卡理斯玛型统治的一般特点

卡理斯玛型(又称"个人魅力型")统治与传统型统治都是建立在对个人权威的信仰与服从基础之上的,但卡理斯玛型统

---

① [德]韦伯:《经济与社会》(上卷),商务印书馆 1997 年版,第 258 页。
② [德]韦伯:《经济与社会》(上卷),商务印书馆 1997 年版,第 257 页。
③ [德]韦伯:《经济与社会》(上卷),商务印书馆 1997 年版,第 263 页。

治者所依赖的不是传统型统治下的传统习俗,而是个人魅力。卡理斯玛型人物及其追随者相信,这样的统治者具有天赋的神圣权力,能够同宇宙中最强大、最权威、最神秘的力量保持联系。能够胜任卡理斯玛型统治者的"超人"通常是宗教运动和政治运动中伟大的先知、救世主、大英雄、天才领袖等。

具体说,卡理斯玛型统治的一般特点是:

(1)个人魅力是卡理斯玛型统治的核心内容

韦伯认为,卡理斯玛型统治完全是靠个人魅力维系的。在这里,"魅力应该叫做一个人的被视为非凡的品质(在预言家身上也好,精通医术的或者精通法学的智者也好,狩猎的首领或者战争英雄也好,原先都被看做是受魔力制约的),因此,他被视为天分过人,具有超自然的或者超人的,或者特别非凡的、任何其他人无法企及的力量和素养,或者被视为神圣差遣的,或者被视为楷模,因此也被视为领袖"①。

(2)魅力型统治中的个人魅力既来源于统治者的功绩,也来源于被统治着的承认

韦伯指出,魅力型统治中"创始人的魅力"当然首先是由于那些伟大的先知、救世主、大英雄、天才领袖等巨大的所谓功绩带来的,这些功绩往往是在长期的宗教运动、政治运动特别是急风暴雨式的革命运动中形成的。除此之外,个人魅力型统治的权威来源还在于被统治者的承认。韦伯说:"关于魅力的适用是由被统治者承认决定的,这种承认是由于实际的考验——原先总是由奇迹保障的,自由的、产生于献身、于默示、对英雄

---

① ［德］韦伯:《经济与社会》(上卷),商务印书馆1997年版,第269页。

的崇拜和对领袖的信赖。然而,承认(在先天魅力的情况下)不是合法性的原因,而是依据使命和实际考验被召唤承认这种品质的人的义务。从心理学上讲,这种承认是一种产生于激情或者困顿和希望的信仰上的、纯属个人的献身精神。"①

（3）个人魅力型统治中没有系统的行政管理班子

魅力型统治的依据主要是个人魅力,在这种统治类型中即使有行政管理,也不是现代意义上的系统的以行政管理班子为基础的科层制管理。也就是说,魅力型统治中的统治团体只是一种感情的共同体化。因为魅力型统治中行政管理班子的成员并不是现代意义上的官员,至少不是在专业和业务上训练有素的官员。它既不是按等级观点,也不是按对家族或者个人依附的观点选择的,而是按照魅力的品质选择的:与预言家相适应的是信徒,与好战的王侯相适应的是扈从,与领袖相适应的是亲信。既没有任命和罢免,也不存在着资历和升迁,而是仅仅在被召唤者的魅力资格基础上,依照领袖的直觉加以召唤。不存在等级制度,而是在行政管理班子对于某一项任务,也可能是对某一种祈求,普遍的或者在个别情况下产生的魅力不能胜任愉快时,才由领袖同时也只有领袖进行干预。没有职务辖区和权限,没有薪金,也没有俸禄,没有固定的机构,而是仅仅从魅力上讲,仅仅存在受指派执行使命的使者。

（4）个人魅力型统治不关注社会经济问题

不关注社会经济问题,这是所有魅力型统治的共同特性。在此基础上,韦伯进一步指出:"纯粹的魅力对经济尤其陌生。

①　[德]韦伯:《经济与社会》(上卷),商务印书馆1997年版,第270页。

但它出现的地方,就创造一种在着重强调意义上的'天职',作为'使命'或者内在的'本分'。在纯粹的类型下,它鄙夷和谴责在经济上利用施舍作为收入来源——诚然,这毋宁说往往是一种要求,而不是实际情况。魅力型统治并不总是放弃财富和获利,像在有些情况下,预言家及其信徒们所做的那样。战争英雄及其扈从们寻求掳掠品,平民表决的统治者或者魅力型党派的领袖寻求他们权力的物质手段,此外,前者还寻求他的统治的物质上的辉煌,以巩固他的统治威望。他们大家所鄙夷的——只要存在着先天魅力的类型——是传统的或者合理的日常经济,是通过有的放矢的、持续的经济活动去获得正常的收入。一方面是依靠资助——大规模资助(礼品、捐赠、贿赂、大赠款)——或者依靠托钵乞讨来供应生活,另一方面是掳掠物,暴力榨取或者形式上和平的讹诈,这两者都是魅力统治需求满足的典型形式。从一种合理的经济角度看,它是一种非经济性的典型政权。因为它拒绝卷入平凡的日常生活。它只能在所谓'顺手牵羊'地获得不稳定的收益,而且内心极为漠然视之。"①

(二)卡理斯玛型统治与法律的关系

卡理斯玛型统治与法律之间关系的最大特点是,这种统治不可能受法律规则约束,也没有法律去约束,统治者与被统治者都是狂热的法律虚无主义者。在卡理斯玛型统治下,"在统治者委托以及在自己魅力范围内,有受指派的使者。(但)没有

---

① [德]韦伯:《经济与社会》(上卷),商务印书馆1997年版,第272～273页。

规章,没有抽象的法律原则,没有以法律原则为取向的寻找合理的律例,没有以传统的先例为取向的司法判例和司法判决,而是在形式上根据具体案例,现实地创造法律"①。

卡理斯玛型统治权威的保持在于个人魅力的不断展现与发挥,一旦个人魅力消失,其权威也随之消失,法律、法规对个人权威的保持不起什么作用。因此,统治者与行政班子成员的关系与职权都不能依据法律确定,为保证统治者的权威及命令的贯彻执行,统治者总是依据个人的品质及对统治者的忠诚选拔行政人员。尤其是卡理斯玛型统治"特别反对经济上的考虑",这更造成在客观上使法律规则的存在成为不必要,统治者无须法律规则去反映和保护经济。

关于卡理斯玛型统治为何要拒绝法律规则,韦伯进一步指出:"魅力型的统治作为非凡的统治,既与合理的尤其是官僚体制的统治,也与传统型的,尤其是家长制和世袭制的或者等级的统治,形成尖锐的对立。这后两种是统治的具体的、平凡的形式——先天魅力型统治尤其与之相反。官僚体制的统治在受可以推理分析的规则约束的意义上,特别合理,而魅力型的统治在毫无规则的意义上,特别不合理。传统型的统治受以往的先例的约束,并且在这一点上同样是以规则为取向的,而魅力型的统治在其领域内推翻历史,而且在这个意义上是特别革命的。魅力型的统治不懂得按货物占有方式占有统治区,既没有让统治者占有,也没有让等级权力占有。而是只要个人的魅力根据实际的考验适用,也就是说,得到承认,它就是合法的,

---

① 〔德〕韦伯:《经济与社会》(上卷),商务印书馆1997年版,第271页。

而且只有在它的魅力经受实际考验的时间内,其亲信、信徒和扈从才是可资利用的。"①

(三)卡理斯玛型统治的价值及转化

韦伯认为,卡理斯玛型统治在历史上并非完全没有意义,由于卡理斯玛型统治的反规则性,导致它敢于打破常规,冲破旧习俗,摆脱传统的束缚,因而具有很强的革命性,一定程度上是社会发展的动力。这种统治在前理性时代的社会变迁过程中,对于动摇人们传统的价值观念,增强社会活力有重要意义。

但是,以"魅力崇拜"的人治为基础的卡理斯玛型统治由于其反法律规则的本性,促使其从根本上说是一种不稳定的统治类型,它不可能在社会中长期存在。由于人类社会秩序和稳定发展内在地需要规则的原因,卡理斯玛型统治必然向传统型统治(接受传统规则)或者法理型统治(接受理性规则)方向转化。即任何魅力型统治最终都必然走向"魅力平凡化"的进程。

四、法理型统治与法律

韦伯认为,法理型统治的基础是一套内部逻辑一致的法律规则以及得到法律授权的行政管理人员所发布的命令。这种统治类型与前两种统治类型根本不同,因为它不依赖于与个人有关的身份或属性,是一种"非人格化"的统治。这种统治类型在现代西方社会已经取得了支配性的地位,它的最明显的体现就是"法治国"理想。

---

① [德]韦伯:《经济与社会》(上卷),商务印书馆1997年版,第271～272页。

韦伯认为,在法理型统治条件下,或者说在法治国条件下,法律具有以下五个特征或者说是建立在下述相互关联的观念的适用基础之上的[①]:

第一,通过协议或者强加的任何法律都以理性为取向,理性是法理型统治中法律的最本质特征。包括目的合理性和价值合理性。

第二,任何法律都是抽象的、一般化的有意制定成章程的规则的总体,法律永远不能针对和涉及具体的个人。司法只是把这些抽象一般的法律规则应用于具体个案,行政管理则是在这些法律规则的范围内,实施对社会的日常管理。

第三,理性法律在法理型统治条件下肯定也是必须被普遍遵从的。法律不仅要求价值合理性和目的合理性,同时,制定成为规则的理性法律也要求团体的成员必须尊重它。

第四,人们服从的仅仅是法律,而不是个人。

第五,统治者发号施令是以整个制度为取向的,因此,人们服从统治者,只是在服从由法律确认的非个人的制度。

韦伯在论述理性法律的基本内涵和特征以后,详细研究了根据理性法律进行的法理型统治的若干特点,诸如行政机构依据法律规则建立、每个机构都有明确的权限划分、职务等级原则的确立与遵从、行政官员必须经过正规技术培训、公务员与物资财务管理分开原则等等。总之,这种法理型统治是现代科层统治的最常态和最完善的形式,这种统治的基础是只有在西

---

① [德]韦伯:《经济与社会》(上卷),商务印书馆 1997 年版,第 242 ~ 243 页。

方社会才产生的形式合理性法律,这种类型的统治极大地促进了资本主义的发展,而其他类型的法律和统治则严重阻碍了资本主义的发展。

为了深入说明法理型统治与法律的关系,下面以韦伯的科层制理论为切入点,并将其列为专章对科层制理论与法治的关系进一步探讨。

第七章 科层制理论与法治

一、科层制理论与法治关系的一般概述

科层制是韦伯对19世纪以后西方各国资本主义官僚制的概括。在韦伯看来,科层制是资本主义精神最有力的制度保障;从统治类型的角度看,科层制可以被看做是法理型统治的最纯粹的类型;从科层制与法治关系的角度看,只有实行严格的科层制管理,或者说,只有完全以科层制为基础的体制保障,才能真正称为实行了严格法治。

韦伯认为,作为一种理想类型,科层制是迄今为止最有效、最系统和最好的社会组织制度。科层制的基本单位是职务或职位,这些职务或职位按照规则、功能、文件以及各种强制手段组织成层级的形式,分科执掌,分层负责。由于科层制的建立,使得在组织管理领域能够和整个经济领域一样,实行专业化和分工,各负其责,各司其职。因此,科层制无论在经济领域还是在政治法律,乃至国家组织领域,都是最有利于理性资本主义发展和近代法治形成的。

具体说,科层制有如下一些基本特点:其一,它是由法律规则制约的、行政的持续性组织;其二,每一个职务都有特定的职

权范围,包括(1)这个特定的职务担负着一整套行使各自功能的职责,(2)严格确立执行职务所必需的权威,(3)明确规定必要的强制手段和使用这些强制手段的条件限制;其三,各种职务组成一个层级体系,而且这种等级制中每一较低结构受其较高结构的监督和控制;其四,由于职务具有不同的技术资格,它要求职务参与者必须获得相应的训练;其五,各个层级管理机构工作人员应当同生产资料的所有权彻底分开;其六,绝对不允许存在转让职务。最后,所有管理方面的政策、决议、规章必须通过文本的形式来表述并记录在案。

　　总之,科层制的特点决定了它具有非人格倾向。由于权力来源不是出自血统的或世袭的因素,而是源于建立在实践理性基础上的形式法学理论和形式法律规定的制度,科层制运作的主要指标是可操作性与效率,个人的性格和意志在这里难以有所作为,人身依附关系因为科层内部流动的物化标准与程序化而弱化乃至消失了。个人和国家或组织财产的实际分离以及个人权力资源与管理手段的分离导致个性化权威的虚化。所有这些都表明,科层制主要取决于制度所规定的行动的程序化、客观化。用纯粹理性主义的观点看,个人的服从对象不再是拥有特定职务的个人,而是个人拥有的特定职务。换句话说,在科层制中,任何人都在为客观的、非个人的组织和组织目标服务。

　　正是科层制的特点所决定的,科层制在现代或者说是对资本主义经济和法治发展有着举足轻重的意义。在《经济与社会》一书中,韦伯极力宣扬科层制的优越性。他指出,从纯粹技术的观点来看,科层制可以获得最高程度的效益,而且也正是在这个意义上,它在整个人类行使权威的已知的手段中是形式上最理性的。在精确性、稳定性、纪律的严明性和可靠性上,它都优于其他任何形式。因此,科层制最有利于人们对行动的后果予以特别精确的计算,这将导致无论在效率方面,还是在其运作的范围上,科层制都是无与伦比的。不仅如此,科层制对现代资本主义的意义,更在于其权威的非人格化,就是说,在科层制的系统范围内,彻底排除了人的因素——私人感情和私人关系,它优先考虑的是效率和整个组织的需要,这种科层制必然地同法律规则和法治联系在一起。从这个意义上来说,科层制、法治、效率等都是资本主义精神的某一侧面的不同文字表达。

当然,在韦伯看来,科层制也存在着其固有的缺陷,主要表现在两个方面:一方面,科层制可能导致过分的形式主义和文牍主义;另一方面,科层制的过度发展可能导致对人性的漠视和对个人自由的抹杀。在这一点上,马克斯·韦伯与卡尔·马克思的思想存在某种"点"上的交集。马克思根据资本主义所有制关系的异化带来社会的全面异化批判了资本主义,而韦伯则通过合理性范畴同样针砭了资本主义。不过必须指出的是,韦伯关注的重心与马克思关注的焦点是不同的,韦伯科层制理论的学理追踪虽然最终也指向了对资本主义合理性的拷问,表现在他指出资本主义历史演进中可能会发生价值扭曲及造成现实运作中人性的泯灭。但是,韦伯对科层制工具合理性的论证和赞赏,以及其对资本主义精神和资本主义法治贡献的意义的推崇,显然是第一位的。

二、科层制概念的进一步解析

科层制是韦伯社会法学理论中的独特概念,我国台湾学者大多直接称其为官僚制。实际上,科层制指的是一种在理性基础上权力依职能和职位进行分工和分层,以法律规则为管理主体的组织体系和管理方式,也就是说,它既是一种组织结构,又是一种管理方式。不论是作为组织结构理论,还是作为管理方式,科层制对现代社会即韦伯所说的法理型社会的运转都起着举足轻重的作用。

韦伯在《经济与社会》一书中对
科层制有较为深入的研究

韦伯科层制理论主要在《经济与社会》、《世界经济通史》、《儒教与道教》等书中,其中《经济与社会》在论述了三种统治形式后,专门讨论了科层制的问题。

理解韦伯的科层制,可以从以下几个关键词语予以把握[1]:

1. 理性

科层制理论是建立在合理性基础之上,强调科层结构中人与人之间、组织与组织之间都应该以理性作为标准。

韦伯认为,在科层制中,理性化的统治是最为根本的,是最

---

① 参见陈向澜:《理性与管理:论韦伯的管理哲学及其影响》,吉林人民出版社 2006 年版。

基本的统治形式。在科层制里,任何人都是非人格化的,"没有憎恨和激情,因此也没有'爱'和'狂热',出于一般的义务概念的压力下,'不因人而异',形式上对'人人'都一样,也就是说,理想的官员根据其职务,管辖着处于相同实际地位中的每一个有关人员"①。任何人,不论是管理者,还是被管理者,都应该以理性为准则,而不是以情感为基础,这样的组织结构,这样的人员关系是组织指令顺利通达、组织任务顺利完成的保证。可见,韦伯科层制中的人的理性化基础,主要是指工具理性或者说是目的理性,一切全凭计算、规则等因素来保证。

2. 分工

在韦伯的科层制概念当中,现代官员特殊的运作方式首先表现在各部门、各作业单位是建立在分工的基础上的。即"对为了官僚体制统治机构的目的所需要的、经常性的工作,进行固定的分工,作为职务的义务;对为了履行这些义务所需要的命令权力,同样进行固定的分割,并且通过规则对赋予它们的(有形的、宗教的或其他的)强制手段,划清固定的界限;为经常性地和持续地履行这样分配的义务和行使相应的权利,通过招聘具有一种普遍规定的资格的人员,有计划地事先作出安排"②。

韦伯尤其强调分工在科层制中的重要性。他认为,分工是科层制组织产生及发展的必要条件,也就是说,没有分工,也就

---

① [德]韦伯:《经济与社会》(上卷),商务印书馆1997年版,第250~251页。
② [德]韦伯:《经济与社会》(下卷),商务印书馆1997年版,第278~279页。

没有科层制出现的必要；同时，分工还是国家和法律的管理者行使管理权力的基础。首先，在所有的政治活动以及生产活动中，如果没有分工，也就不会出现专门的管理阶层，或者说不会出现管理者。其次，出现了管理者，就应该具有相应的权力规定，这种权力规定的基础也是分工所形成的。因为"合理统治的基本范畴是：（1）一种官职事务的持续的、受规则约束的运作；（2）这种运作是在一种权限（管辖范围）之内，而权限意味着：（a）一种根据劳动效益分工实际划定的承担劳动效益义务的领域；（b）并赋予大致为此所需要的命令的权力；（c）明确划分可能允许的强制手段和使用强制手段的前提条件"①。韦伯这里的意思是说，通过分工，形成了各个专门化的机构，从而使组成这些机构的人员各司其职。

3.等级

科层制的要义不仅在于分工的明确，更在于科层等级的森严。换言之，科层制组织中"存在着职务等级或审级的原则，也就是说，有一个机构的上下级安排固定有序的体系"②。在这个职务等级中，上级对下级可以发号施令，还可以监督下级，而下级则必须服从上级。每个职位都有相应的权力规定，这种权力不是来自于某一个人，而是来自于这个职位本身。同样，各个职位也有相应的义务，必须做好自己的职务，完成自己的任务。只有每个职位都各司其职，整个官僚体制才会非常出色地完成整个组织的任务。

---

① ［德］韦伯：《经济与社会》（上卷），商务印书馆1997年版，第243～244页。
② ［德］韦伯：《经济与社会》（下卷），商务印书馆1997年版，第279页。

4.规则

在科层制组织中,官员职务的执行,必须是根据一般的、可以学会的规则进行。"现代职务的执行受规则的约束,按其性质可以这样说明其理由,即例如现代科学理论认为:通过法令在法律上赋予一个机关拥有处置某些特定问题的权限,并非通过对具体个案发布具体命令授权它去处置问题,而仅仅是抽象的规定。"①这也就是说,在科层制组织中,规则是决定组织运行的主要依据,任何组织、任何人员的活动都受到规则的约束,每个人都应遵守着自己所从事的那个职位工作的规则,每个成员都应了解自己所必须履行的岗位职责及组织运作的规范。没有规则,就没有科层制。

5.技术专门化

在科层制中,技术专门化是科层制组织运作的关键因素。韦伯说:"官僚体制的行政管理意味着根据(专业)知识进行统治:这是它所固有的特别合理的基本性质。除了受专业知识制约的巨大的实力地位外,官僚体制(或者利用它的统治者)还倾向于通过公布知识,进一步提高其权力:在公务交往中获得的或者'熟谙档案的'实践知识。'职务机密'的概念不仅是官僚体制的概念,但是特别指的是官僚体制的概念,它渊源于这种权力欲望——它同专业知识的关系,大约可以同商业经营秘密的关系相比较。"②因此,在科层制组织中,组织成员凭自己的专业知识、技术能力获得工作机会,享受一定的薪水报酬。同时,

---

① ［德］韦伯:《经济与社会》(下卷),商务印书馆1997年版,第281页。
② ［德］韦伯:《经济与社会》(上卷),商务印书馆1997年版,第251页。

组织根据技术专门化的要求,吸收一定的具有这方面专业技术的人员加入科层组织,从而保证组织运作的效率和效能,这也是科层制的根本目的。

三、科层制的理论基础

(一)合理性与合法性

合理性与合法性是韦伯整个思想体系的主要理论支柱,这一点在他的科层制理论中显得更加重要。可以说,在韦伯的科层制理论体系中,"合理性"与"合法性"是两个最为基本的前提概念。一切关于韦伯科层制理论的研究都需要从这两个概念出发,才能把握其思想的真谛。关于合理性与合法性在韦伯科层制理论中的重要性和地位,可以简单地归结为一句话:合理性是马克斯·韦伯科层制理论的重要学理预设,是他设计现代官僚制组织模式的一个基本原则,而合法性则是他用以理解古代官僚制的锁钥。

韦伯首先认为,任何一种合乎需要的统治都是具有合理性基础的。这种统治主要是基于一种自愿的服从。自愿的服从又是以形成个人价值氛围的"信仰体系"为基础的,作为个人,他只有接受这种信仰体系,才能有着行动的一致性、连续性,而且不会导致内心的紧张并最终获得自愿的服从。韦伯把这种个人自愿服从的体系视为合理性体系。这种合理性体系的存在,使每一个人都能够遵从来自权威的命令,不管这些命令是来自统治者个人,还是来自于通过契约、协议产生的抽象法律条文、规章等命令形式。

客观地说,韦伯的合理性概念是来源于一种正当性的信念。韦伯认为,正当性的信念可以分为两大类别:第一类是主观的正当性,包括情感的正当性、价值合理性的正当性、宗教的正当性;第二类是所谓客观的正当性,包括习惯的正当性、法律的正当性。如前面我们在分析韦伯关于法律行为的理论时所指出的那样,韦伯在两类正当性信念的支持下,将人类的合理性行为分为情感性行为、价值合理性行为、传统性行为、目的合理性行为,而在这四种类型的行为中,前三种都仅仅由于情感的、价值合理性的、宗教的和习惯的正当性的原因而拥有合理性,唯有最后一种类型的行为才是得到了法律正当性支持的行为,因而不仅具有合理性,同时也具有合法性。

所以,韦伯在其科层制理论中,在确立起一个合理性的概念之后,又进行合法性的分析。韦伯对历史上的官僚制所作出的描述是以合理性为标准的。根据韦伯的看法,官僚制首先是作为一种组织形式而存在的,是组织存在的体制和制度。这种组织形式无论是在过去还是现在,都表现为一种上级对下级的领导、监控和下级对上级的报批、执行的层级制度。这是一切官僚制的基本特征。但是,现代官僚制的新特点在于,官僚制组织中的官员,是根据契约关系雇佣和经过培训并领取薪金的公务人员,虽然作为官僚制组织,在结构上也分为高级和低级,因而官僚也分为上级和下级,但是他们依照法律规定进行工作,所以,他们之间不是一种附庸关系。由于具有这些特点,现代官僚制与传统的官僚制比较起来,就有着更大的优越性,它能够使行政事务得以很好决策和贯彻,具有精确、严格、统一的特点。所以,现代官僚制即韦伯所称的科层制既具有合理性,又具有合法性。

总之,科层制的产生本身就是理性化的产物。韦伯说:"官僚制的结构几乎处处都是较后发展的产物。我们在发展中愈是追溯得久远,对于统治的形式来说,缺乏官僚制和官员制度就愈加典型。官僚体制是'理性'性质的:规则、目的、手段和'求实的'非人格性控制着它的行为。因此,它的产生和传播处处都是在那种特别的、还在讨论的意义上发挥了'革命'的作用,正如理性主义的进军在一切领域里一般都发挥这种作用一样。同时,它摧毁了统治的不具有在这个特殊意义上的理性性质的结构形式。"①

(二)科层制的哲学基础:人性角度的分析

韦伯的科层制理论,其哲学基础是人性论。根据韦伯的看法,科层制本身就是对于人的管理,只是由于人在组织中的不同地位。因此,科层制的管理模式才变得非人格化。况且,非人格化本身也是对于人性的一种理解方式。在韦伯的科层制理论中,人只是作为一种相当于工具的"组织人"或者说是"经济人",这种人性假设理论主要是把人作为组织这部机器中的一个部件,一个工具。因此,人在组织中不应带有自己的情感、心理等因素,而只要作为听从于上级的一个结构中的部分存在就可以了。这种人性理解方式,其实是在西方历史上有个发展过程的。

韦伯吸收了西方历史上关于人性的思考,并且将其作为自己科层制理论中的基础。人性问题实际上就是人的本质问题,对于人的本质问题的不同回答,就会决定自己的理论的基本立

----

① ［德］韦伯:《经济与社会》(下卷),商务印书馆1997年版,第324页。

场和整个理论框架。应该说,在西方文化思潮中,人性问题是个历史深远的话题。自古希腊以来,人的问题就一直被作为哲学乃至一切人文科学研究的主要对象。人是什么?这个既简单又复杂的问题一直伴随着人类自身的发展。

韦伯科层制理论的人性假设主要吸取了历史上所谓"理性人"、"政治人"、"经济人"等人性假设理论。

(1)理性人

人类对于自身的认识,同人类社会生活的领域有直接的关系。在古代及近代西方思潮中,除了自然人性论以外,主要以理性人为代表,早在古希腊哲学中的苏格拉底、柏拉图及亚里士多德等人的思想中理性人的观念就表现得非常明显。当苏格拉底借用德尔斐神庙上的箴言"认识你自己"时,实际上是要求人们从理性的角度去认识、把握自己,达到善的境界。亚里士多德更是直接提出了"人是理性人"的思想,认为人的本质就在于理性,因此要用理性灵魂来控制自己的行为。在这个基础上,除了自然和神以外,人们的思想都是从理性的层面来展开的。这种思路到近代启蒙运动时的理性主义复兴达到了极致,几乎所有近代启蒙思想家都是理性主义的鼓吹者和捍卫者。韦伯的理性概念充分吸收了西方绵延两千多年的理性人理论。

(2)政治人

"政治人"的人性理论提出者是被马克思称为百科全书式的思想家亚里士多德。亚里士多德在其著名的《政治学》这部世界名著中提出了"人是政治动物"的命题,亚里士多德当时要探讨的问题是:人类为何一定要过城邦(政治)的生活?他提到,互相依存的两个生物必须结合,其种才能得到延续,在这点上人类与其他动物甚至是植物都是相同的。在人类社会,这种结合的形式就是家庭。人类为了适应更广泛的生活需要,由若干个家庭联合组成村庄,再由若干个村庄联合组成城邦。这时,社会就进化到高级而完备的境界,在这种社会团体内,人类的生活可以获得完全的自给自足。也就是说,城邦的形成是出于人类生活的自然发展,人类天生就是城邦的政治动物,城邦存在的理由是为了人类过上"优良的生活"。

亚里士多德进一步认为,人类生来就有合群的性情,所以能够走向高级的政治组合,人类由于志趋善良而有所成就,成为最优良的动物,如果不讲法律、违背正义,他就堕落为最恶劣的动物。因此,人类的一切社会组织是必然会产生的,与此同时,政治管理也是必然具有的。按照亚里士多德这种人性理论,政治管理的方式必然是民主管理。正如亚里士多德所认为的,在城邦这种政治组织中,应该采用的是轮流执政这种民主形式。根据他的设想,城邦中的全体公民都天赋有平等的地位,依据公正的原则,全体公民都应参与政治,实施管理。在同一个时间里,一部分人统治,另一部分人接受统治;执政者应该轮流退休,并且在他退休以后同其他公民处于同等的地位。在此亚里士多德提出了在"政治人"基础上的民主管理的思想,这为韦伯科层制理论准备了最初的萌芽观念。

(3)经济人

构成韦伯科层制理论哲学人性基础的最主要部分是从"理性人"、"政治人"发展而来的"经济人"假设。

众所周知,经济人思想主要是英国的经济学家亚当·斯密提出来的。这一思想对于韦伯的科层制理论起到了基础的作用。因此,有必要对此作一些较为详细的分析。

亚当·斯密一生共写了两部著作,第一部是《道德情操论》,谈的是道德问题;第二部是《国民财富的性质和原因的研究》,论述的是经济问题。两部著作有一个共同的前提,就是肯定人的本性是自私的。这是受当时功利主义伦理学的影响。在此前提下,第一部著作着重分析了人类利己的动机如何转化为利他的行为;第二部著作则深入研究人类利己的动机如何推动经济的发展。

在斯密看来,自利的动机是人类与生俱来的本性。他说:"毫无疑问,每个人生来首先和主要关心自己;而且,因为他比任何其他人都更适合关心自己,所以他如果这样做的话是适当和正确的。因此每个人更加深切地关心同自己直接有关的、而不是对任何其他人有关的事情。"①如何来关怀自己呢? 最好的办法就是改善自身的状况。这种改善自身状况的愿望,也是一直伴随着人类自身的发展,并且成为人们增加自己的财富及国民财富的主要手段。斯密怀着赞叹的心情写道:"改善自身状况的愿望……虽然是冷静的、沉着的,但我们从母胎出来一直到死,从没一刻放弃过这愿望。我们一直至死,对于自身地位,几乎没有一个人会有一刻觉得完全满意,不求进步,不思改进。但是怎么改进呢? 一般人都觉得增加财产是必要的手段,这手段最通俗、最明显。"而且,"每个人改善自身境况的一致的、正常的、不断的努力是社会财富、国民财富以及私人财富所赖以产生的重大因素。这不断的努力,常常强大得足以战胜政府的

---

① [英]斯密:《道德情操论》,商务印书馆1997年版,第101~102页。

浪费,足以挽救行政的大错误,使事情日趋改良"①。人们怀着这种自利的动机从事经济活动,就是斯密所谓的"经济人"。

需要指出的是,在斯密那里,他的"经济人"原型实际上就是产业革命初期"市民社会"或"商业社会"中的中下层平民。对他们来说,财富是通向良好生活的必由之路,是过一种有德性和智慧的生活的必要条件。在追求财富的过程中,他们没有什么特权可供利用,只能凭着节俭、机敏、诚实、进取、谨慎、自制等品质,艰苦努力,在扩大社会物质财富的劳动过程中实现自己获取财富的目标。这些品质,在上流社会看来,是完全微不足道的,但它们却是新兴产业资本人格化的"经济人"的根本品质,是新时代的新兴第三阶层的道德规范。比之于所谓上流社会的那种"放荡不羁的"道德体系,一般普通人民所赞赏和尊敬的这种"严肃的或刻苦的"道德体系显然更有利于社会的进步,本质上也要比前者更真实、更值得赞美。

斯密论证经济人思想的目的是主张以自由市场的竞争来实现每个人的利益。他虽然并没有明确论证通过政治制度和组织来保证每个人的利益,但是,斯密的经济人思想事实上成为了后来韦伯论证科层制理论的重要人性基础。韦伯建立科层制这种组织模式,其哲学理论的基础就在于把组织中的全体人员都当作工具一般的"经济人"、"组织人",整个组织所遵循的原则就是服从原则,在组织中,不考虑个人的情感、心理因素,不管个人是否能够接受,只要进入科层制这种组织模式,就必

---

①　[英]斯密:《国民财富的性质和原因的研究》(上),商务印书馆1979年版,第314页。

须牺牲个人的一切情感,只能以组织的规章制度作为自己的行为准则。这种人性观,既是历史上"理性—经济人"的延续、继承,又是对历史上"经济人"这一范畴的超越。我们看到,科层制中的全体人员所遵循原则根据是理性,因此,这种人性的根据同样是理性,即这种人性是从理性发展而来的。这种人性不需要依靠任何外来的力量进行选择自己的行为,他们面对任何一个对象,马上就可以根据自己的利益得失,进行理性思考,进行理性分析,进行选择,从而使自己的行为更符合自己的愿望,而不需要根据任何外来的非理性的力量进行选择。由此可见,西方历史上"理性人"、"政治人"、"经济人"的演化过程为韦伯的科层制理论一步一步地奠定了坚实的人性哲学基础。

四、科层制的意义及缺陷

(一)科层制的优点及意义

1. 科层制与现代法治的要求相契合

韦伯倡导的科层制理论同现代法治的精神是一致的,这可以从以下几个方面加以说明:

第一,现代科层制表现为一整套持续一致的程序化的命令——服从关系,这与现代法治精神相互贯通。各级官员由于受到非政治化的管理(对他们最主要的肯定评价是技术性要求),各级官员必须依靠其首创精神和自我解决问题的能力,同时,科层制是法律化的等级制度,任何官员的行动方向是由处在更高一级的官员决定的,这从根本上保障了法治的程序化。

第二,科层制的从属关系是由严格的职务或任务等级序列先在地安排的。在这里,权力的行使并不反映在权力的个性特点方面,而是基于职务本身的组织构造。在科层制内部,每一个个体单元被分割成各自独立的部分,并且要求完全排除个人的情感纠葛。对权利义务体系的规定细致而明晰,使得每个个人都能够照章办事而不致越出权利义务体系范围。在此种情况下,不允许科层中的个人随意扩大其行动的界限,这就是说,个人在科层制中已经被原子化了,科层制就像一部运转良好的行政机器,它要求其成员只是做好自己分内的事,这同法治的严格规则意识是不谋而合的。

第三,现代科层的非人格倾向是现代法治的本来要求。由于权力来源不是出自血统的或世袭的因素,而是源于建立在实践理性基础上的形式法学理论和形式法律规定的制度,科层制运作的主要指标是可操作性,个人的性格和意志在这里难以有所作为,人身依附关系因为科层内部流动的物化标准与程序化而弱化乃至消失了。个人和国家财产的实际分离以及个人权力资源与管理手段的分离导致个性化权威的虚化。所有这些都表明,现代科层制不会轻易遭受来自内部和外部的冲击。官员的体制内流动,不是由他的上司的个人好恶决定的,而是取决于制度所规定的行动的程序化、客观化,科层制中的任何一个人的年资、工作经验、责任心和敬业精神等等都可以在形式上加以量化。用纯粹理性主义的观点看,个人的服从对象不再是拥有特定职务的个人,而是个人拥有的特定职务,换句话说,他为客观的非个人的组织和组织目标服务,这恰恰是法治运转的必要条件。

2.科层制有助于提高效率

科层制在方法论上事实上采用了系统的结构方法论。作为一个完整的结构,科层制系统具有一定的整体性。科层制要求系统中的各部门之间要相互配合,共同努力才能完成组织的任务。一旦整体结合进来,就会发生自己独立的作用。因此,科层制这一组织结构形式在效率上应该是最有效的。效率主要产生于两个方面:一是组织中的人员都已经承担了各自的责任和义务,只要每个人都努力完成自己的任务,整个组织的任务就会很快地完成。二是组织结构带来的效率。一旦组织作为一个整体结构出现,这个组织就会由于自身的正常运转而产生效率,也就是说,系统性这一结构使得组织中的每个部分都必须努力工作,才能使得这个结构保持完整,如果由于某一个部门的低效,就会对整个组织都产生影响。这就是系统结构本身的作用。

韦伯本人充分关注到了科层制的效率问题。他认为,科层制这种高度系统的组织结构,在充分发达的条件下,如同一台机器一样,非常精确。韦伯在阐述科层制与其他组织形式的关系时明确指出:"官僚制(科层制)的组织广泛传播的决定性的原因,向来是由于它的纯技术的优势超过任何其他的形式。一种充分发达的官僚体制机制与其他形式的关系,恰恰如同一台机器与货物生产的非机械方式的关系一样。精确、迅速、明确、精通档案、持续性、保密、统一性、严格的服从、减少摩擦、节约物资费用和人力,在由训练有素的具体官员进行严格官僚体制的,特别是集权体制的行政管理时,比起所有合议的或者名誉职务的和兼任职务的形式来,能达到最佳的效果。"①显然,这种

---

① [德]韦伯:《经济与社会》(下卷),商务印书馆1997年版,第296页。

机械化了的科层制,由于其结构的系统性所造成的整体性,使得它如同一台机器一般,具有非常精确和高效的优点。

3. 科层制促进了近代资本主义的发展

科层制作为一种现代官僚组织形式,它同新教伦理一起,共同促进了近代资本主义的发展。如果说,新教伦理从精神层面为近代资本主义发展奠定了基础,那么,科层制则从制度层面为资本主义的发展提供了坚实的技术支撑。关于这一点,我们在研究韦伯关于新教伦理与资本主义精神的关系时再详细阐发。

(二)科层制的缺陷

韦伯对科层制的研究是深入的,他对科层制的价值是充分重视的。在韦伯以后,人们对他的科层制理论的评价存在着截然相反的观点。一派学者顺着韦伯的思路对科层制大加赞赏,对其价值有极高评价;另一派学者则从相反的角度,指出科层制的局限性。归纳来说,韦伯科层制的缺陷主要有:

1. 科层制可能导致效率难以真正发挥甚至低效率

科层制能够带来高效率,然而,这只是属于理论上的应然,并且也只是问题的一个方面,另一方面,由于科层制本身内在机理的原因,它还存在着一种抵消科层制高效率的内在因素,这些因素将导致科层制组织的效率难以发挥甚至低效率。这其中的原因在于:科层制理论实际上表现为一种传统的主、客对立的态势。如前所述,韦伯科层制的主要基础是合理性理论,而这种合理性是建立在主、客二元对立的传统哲学基础上的,其中的人性假设,主要是以经济人为假设,这种人性假设的背后,就是被管理者都是一种只求满足自己利益的经济动物,因此,要对他们实行有效的管理,包括严格的科层化的制度管

理。显然这里所显现出来的就是这样一种模式：管理者是管理
主体，被管理者是管理客体，因此管理者与被管理者就是主体
与客体的对立关系。在这种对立中，管理主体是决定因素，而
管理客体只是管理主体用来实现自己管理目的的一种手段。
正是这种理论基础，使得在管理活动中只见管理组织而不见管
理客体，或者说同样是一种见物不见人的管理体制。科层制的
这种内在机理往往导致被管理者的被动性，因而限制了整个科
层制组织的能动性，造成效率低下。

　　详细分析科层制抵消其自身的高效率甚至导致效率低下弊
端，我们可以清楚地看到：科层制中的组织结构、上下级人员之
间的相互关系、组织与组织之间的关系实际上是以理性为基础
的，它不考虑人的感情因素，管理者把自己当成管理主体，而组
织中的成员都是管理客体，这样整个科层组织就是一级一级的
管理主、客体的关系网络，而这种主、客的划分是相对的，每一
个下一级的管理主体是上一级的管理客体。在这样的结构中，
每一个人都不可能发挥自己的主体能动性，都是消极地适应上
级的命令，因此只能是命令与服从的关系。正是由于这样的原
因，科层制这种组织管理模式在长期的发展过程中，往往就会
消耗掉它本应该具有的高效率，导致低效率。

　　最后，需要指出的是，科层制在"高效"与"低效"问题上这
种看似矛盾的现象，实际上是科层制本身的一体两面，科层制
本身应该是高效的，但是，一些为了效率的操作化的具体设计，
又常常会导致过于仪式化，而这又有损效率。正如设计师想把
桥梁或房屋设计得过于坚固一样，科层制的规则也常常被设计
得过于详细，正是这样的原因，反而导致效率的低下。实际上，

这种科层制的效率低下,说明了科层制本身结构的过于死板,缺乏灵活性,是一种机械价值观的体现。在这种机械价值观的指导下,一切都按部就班,按照章程,以为这样就可以提高工作效率,但实际上客观世界是丰富的和多变的,科层制由于其过于墨守成规,往往在现实中又导致了效率低下。

2.科层制一定意义上是对人的否定

韦伯的科层制中还存在着更为重要的缺陷就是对人的否定。我们知道,从文艺复兴开始到启蒙运动,西方社会一直致力于的人的发现、人的解放,对人的尊重构成了西方近代以来几乎所有思想派别的共同主题。当尼采喊出了"上帝死了!"这句振聋发聩的口号以后,人的地位被抬高到神的地位。当然,这个人不再是近代的理性人,而是一个直面痛苦、不断努力、超越自我的非理性的人。因此,从文艺复兴到尼采的主流思想是一个从肯定人的理性价值到非理性价值的进步。与尼采几乎同时的韦伯,虽然看到了尼采思想中的人的重要性,也曾把尼采的非理性思想作为自己的理论来源,但由于韦伯所受的家庭教育及学校教育,使得韦伯的理性思想还是根深蒂固,而在这种理性的背后,却是隐藏着对人的自身的否定。这种思想在他的科层制理论中就得到了明显的表现。因为,这种科层制在科学化、技术化的设计中片面强调客观的形式合理性,从而在根本上否定了人。这种否定说明了资本主义合理化过程在消灭和取代其他形式的生活的同时,本身也倾向于变成一种目的。这种工具－目的论与现代社会的效率相呼应,它或许是社会进步的表现,抑或是社会发展进程中压倒性的世界潮流。但是,日常生活的一切领域都倾向于变得取决于纪律严明的等级制

度、合理的专业化、个人本身及其活动的条理化、工具化，这就
造成了科层制对人的否定。其表现就是科层制对人格和思维
弹性产生了严重的不良影响。因为在科层制的等级体系中，各
种岗位的结构本身取决于科层结构，而一般而言，科层制中的
低层岗位是属于约束岗位，这样必然会降低人的思维弹性，也
就是说，人的思维活跃性受到很大的约束，只能按部就班地进
行工作，只有规则是唯一的，根本不允许职员有自己的思想。
所以在韦伯科层制中的人，只有唯唯诺诺，唯上级是尊，唯权力
是尊，唯规则是尊，唯独没有自我，这样的人，显然是对近代以
来所追求的人的尊严的一种反讽。

　　总之，我们在看到韦伯科层制理论巨大优点和长处的同
时，也要客观地看到其科层制本身也存在着一些根本性的缺
陷。在韦伯那里，科层制属于目的合理性，目的合理性也就是
工具合理性，它是由传统的价值合理性发展而来的，在从价值
合理性向目的合理性的发展过程中，是一个从实质合理性向形
式合理性的转换过程，是通过合理性概念中的价值因素的完全
消解而走到了完全客观化、形式化的结果。其实，韦伯对于科
层制理论中关于合理性问题的这种不足，他自己在后来的著述
中已经充分地察觉，并且，他本人已经作了一些努力进行补救。
他的补救措施主要体现在：通过对科层制的进一步深化和对
"卡理斯玛"精神的呼吁，企图用政治领袖个人的那种独特的个
性魅力和强烈的责任感来填充科层制形式合理性中的价值空
白。但是，韦伯的这种补救由于只是从外在条件上进行，而未
能从科层制本身的结构出发，因此，韦伯对科层制不足的补救
措施并不是十分彻底的。

第八章 传统中国社会与法律

韦伯社会法学的独特之点还在于:他站在比较世界法律文明的宏观立场上,对东方社会及其法律体系进行了广泛而深刻的理论思考,特别是他着力探讨了传统中国社会结构以及由此而生成的法律文明的特质。尽管韦伯的出发点是西方中心主义的,即他研究传统中国社会与法律无非是将其作为一个反证,来强调和证明以形式合理性法律和法理型统治为特征的现代化指向只能产生于西方文明,但韦伯力图揭示传统中国社会与法律的运作规律,试图解释中国法律现代化的可能性问题,作为一位研究中国传统社会与法律文化的"伟大外行",韦伯的思路是值得我们重视的。

一、封建制社会与家产制国家

(一)传统中国社会发展的进程是从封建制到家产制

封建制与家产制是韦伯用来分析前近代中国社会的两个重要概念。韦伯认为,传统中国社会封建制在前,家产制在后。根据他的看法,在秦帝国以前确实存在着封建制,至少周王朝的分封制在形式上类似于封建制。韦伯说:"中国古代的封建主义与西方的封建主义,虽然在内部有所不同,但在外表上却有极大的相似性。"①但是,韦伯真正关注的是,古代中国的封建制与西方中世纪的封建制在实质上是不一样的,如果说西方中世纪的封建制是以领主庄园制为基础的,那么,周朝的封建制则是以氏族为"脐带"的,是在"酋长氏族摆脱了古代男子之家及其衍生物的束缚之后从'家园国家'里发展起来的"②。

韦伯指出,在秦始皇统一中国以后,中国社会废止了分封制,建立了一个根据功绩和皇恩晋升的严格的官僚制秩序,因此,"分封制废止之后,俸禄制度则与取而代之的官僚行政相适应,在秦朝统治时期,就已经制定出俸禄的固定等级,汉朝按照秦朝的榜样,将俸禄分成授钱和授米等 16 个等级,这意味着封建主义的全面废除"③。从此以后,官僚制与严格的等级制和专制独裁密切结合在一起,普天

韦伯研究传统中国社会与法律的名著《儒教与道教》

之下都成了皇帝的家产,在后来的历史进程中,这种家产官僚制或称家产制国家系统逐步充实完善,一直延续下来。

(二)中国封建家产制的一般特点

在韦伯看来,传统中国社会的家产制有其独特的品格和功能:

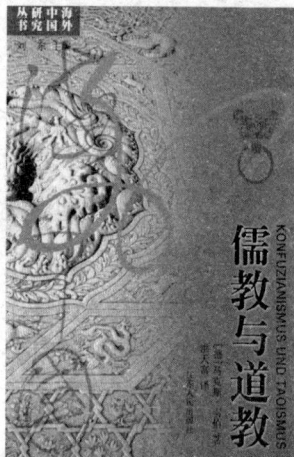

---

① [德]韦伯:《儒教与道教》,江苏人民出版社 1995 年版,第 47 页。
② [德]韦伯:《儒教与道教》,江苏人民出版社 1995 年版,第 43 页。
③ [德]韦伯:《儒教与道教》,江苏人民出版社 1995 年版,第 47 页。

1. 家产制国家实行高度的中央集权

韦伯指出:"公元前221年,名义上的王朝及其所有其他的封臣都被扫除之后,秦王成功地将整个中国并入'中央帝国',并入这位统治者的世袭领地,就是说,置于其独特的官僚统辖之下,而成为第一位皇帝。秦王当了皇帝以后,取消了古代的封建枢密院——从而建立了一个真正的专制制度,取代了古代的神权封建秩序。"①

韦伯指出,中国社会家产制形成以后,为了维护高度的中央集权,从始皇帝开始,直到后来各朝各代,至少采取了下列措施②:

其一,"始皇帝创立了(或至少试图建立)一套统一的文字、度量衡制度以及统一的法律和行政细则"。

其二,"帝国统一之后,皇帝们巧妙地运用家产制所特有的手段,以维持其个人的权力。官吏的任期相当的短,通常是三年一任,任满之后必须转往他省就任,禁止官吏就任于自己家乡所在的州省,同一辖区内也同样禁止任用其亲属。此外,还有一个以所谓'御史'面目出现的系统化的间谍网"。

其三,"中国的家产制,为了防止封建等级制的复辟,亦即防止官吏从中央集权中独立出去,采取了一套举世闻名、成效卓著的办法:实施科举,以教育资格而不是出身或者世袭的等级来授予官职。这对于中国的行政和文化都具有决定性的重要意义"。

---

① [德]韦伯:《儒教与道教》,江苏人民出版社1995年版,第54页。
② 参见[德]韦伯:《儒教与道教》,江苏人民出版社1995年版,第57~63页。

2. 传统中国社会家产官僚制运行的"精神"与西方不一样

韦伯认为,由于中国社会封建制在前,家产制在后,这与西方的封建制发展进程完全不一样,因此,中国在家产制基础上产生的官僚制,其运行的精神与西方根本不同。"这样不同的'精神',有其相应的社会学基础。中国官僚制的精神是与公共负担(徭役和治水)的制度相关联的,而西方的官僚制精神则随着货币经济的变动而发展。"①

具体说,中国社会家产官僚制运行的精神有两个重要方面特别值得注意:

(1)特权思想盛行

韦伯认为,由于中国秦以后的家产制来源于早期的分封井田制,而中国古代的分封制是以与天子的亲疏血缘为前提的,越是与天子最近的诸侯即越是居于中央的,越是享有天子更多的恩赐即越是享有更多的特权。这种情况在秦以后虽然形式上分封制逐渐被家产制取代,但是,特权思想却被保留起来。尤其是"普天之下莫非王土"观念的深入人心,导致后来一再出现经济特权和政治特权观念盛行。

(2)治水和工程大大增强了中国的集权观念

韦伯认为,中国社会的权威最早起源于对河流的治理和运河的开凿,也就是说起源于大的社会工程。从大禹治水到后来历朝历代治理黄河泛滥,这都促进了中国历代君主和臣民的集权观念。君主的集权观念来源于臣民最初治水不可避免的徭役,统一的帝国则来源于对在越来越广大的领域内统一治水的

---

① [德]韦伯:《儒教与道教》,江苏人民出版社 1995 年版,第 64 页。

日益广泛的关注。后来这种治水的需要又与修筑长城以抵御游牧民族侵扰等大的工程相互支撑,这大大加强了中国社会集权办大事的观念。从客观效果来说,中国社会的治水工程虽然也一定程度上促进了经济的成长,但是,这种情况导致长期以来,"人口与物质生活虽有惊人的发展,但中国人的精神生活却仍然保持完全静止的状态;经济领域里虽然存在极有利的条件,但丝毫看不到向现代资本主义发展的苗头"①。

3. 传统中国社会官绅阶层的俸禄获取方式助长了既得利益集团阻止社会改革的强烈愿望,妨碍了中国行政和经济的合理化进程

韦伯详细分析了中国家产制国家各级官绅俸禄获取方式,以及由于这种俸禄获取方式导致官员腐败成风和他们为什么反对哪怕是任何一点儿细小的法律上的变革。

韦伯指出,中国的官吏原先是依赖国库支付的实物俸禄,后来则越来越仰赖货币俸禄,并且持续不断。形式上政府支付给官吏足额的俸禄,但实际上得到政府俸禄的只是一小部分担任管理工作的官员。这样,薪俸往往只是他们收入的一小部分,甚至可以说是微不足道的一小部分。官员既无法依赖其薪俸生活,也无法依靠薪俸支付其义务内的必要开销。实际的情形是这样的:官吏像个封建领主或总督,负责向中央(下级官吏向上级官吏也一样)上缴一定的租税额,而他自己则从征收来的租税与捐税中支付行政费用,并将余额保留给自己。不可忽略的是,按照家产制的原则,官吏的每一项公务活动都必须以"礼物"来回报,下级官吏对上级官吏"送礼"是不成文的绝对

---

① ［德］韦伯:《儒教与道教》,江苏人民出版社1995年版,第69页。

的义务,不论是在就任时,以及逢年过节之际,或者是上级官吏以任何一个由头(如他的七姑八姨的婚丧嫁娶)想搜刮下级官吏时,下级官吏必须尽可能地献上大礼,以博取对其命运有决定性影响的上司的欢心。此外,下级官吏还必须对其上司的没有官职的幕僚们礼数周到,给他们一大笔赏钱,因为下级官吏的命运也在上司幕僚的影响所及范围之内。这种情况造成的表面结果是:除了家产制国家最大的家长——皇帝之外的任何一个官吏都必须竭尽全力地搜刮财物,以备其"送礼"之用;而实际结果则是:从上到下贪污腐化成风。

韦伯进一步指出,家产制中的这种贪污腐化会更加刺激各级官吏团结一致地反对任何法律上的改革。因为表面上看,下级官吏是"受害者",但理论上讲,任何一个下级官吏——除了最下面那一级以外,同时也是他的下级的上级,他们都可能从这种家产制中得到无尽的好处。因此,"位于最高支配地位的官吏阶层并不个别地占有得利机会,得利机会毋宁是由可以任免的官吏所构成的整个等级所占有。他们集体地反对任何的干预,并且团结一致,怀着极端的憎恨,迫害那些号召改革的理性主义理论家。只有自上或自下而来的暴力革命,才有可能改变这种形势。一般而言,任何改革都会危及到每个官吏现在或者未来的规费利益——因此,改革毫无希望——正是这个因素,使得帝国这样统治的理性化,以及统一的经济政策无法实现"①。

4.传统中国社会家产制条件下城市的功能不利于发展近

---

① [德]韦伯:《儒教与道教》,江苏人民出版社1995年版,第75页。

代理性资本主义

　　韦伯指出，和西方完全不同的是，中国以及所有东方的城市，缺乏政治上的特殊性。中国的城市，既非古希腊等地的城邦国家，也没有中世纪那样的"都市法"，因为它并不是具有自己政治特权的"政区"。城市里没有西方古代特有的市民阶级——一个武装起来的居住在城市里的军人阶层。也没有像热内亚的"共济会"或其他像"兄弟会"那样的军事同盟。中国的城市缺乏像西方的城市所特有的政治力量：领事、参议会、按照拥有军事独立权的商人行会的方式组织起来的商人与工匠的政治组织。这些政治力量依靠市政区自己独立的武装力量，有时和城市的封建领主开战，有时又和后者结盟，以争取城市的自主权。中国的城市居民常以暴动迫使官吏逃入卫城，但是他们的目的仅在于驱逐某一个具体的官吏，或排除某一项具体的法令，特别是一项新税，而从来不是为了争取得到一纸特许状，以确保城市的自由。中国的城市之所以难以获得西方城市所获得的那种自由，原因在于宗族的纽带从未断绝。由农村迁入城市的市民（主要是有钱人），与其宗族、祖产、祠堂所在的故乡保持着千丝万缕的联系，也就是说，和他出生的村庄保持着所有礼仪和人际上的重要联系。因此，中国的城市只不过是农村家产制的进一步延伸，并没有产生西方城市中的第三等级。不仅如此，作为帝国堡垒的中国城市所得到的有法律保障的"自治"比村落还要少。城市在形式上是由各个受不同的地保（长老）管辖的乡镇区构成的，它往往隶属于数个由个别政府部门管辖的区域——从层次较低的县到层次较高的府——这对盗贼相当有利。中国的城市，不能像村落那样得以缔结私法的或政治的条约,也不能擅自进行诉讼,总之,它不能像团体那样行动。即使中国的中央城市,其兴盛也并不是靠城市居民在经济与政治上的冒险精神,而是有赖于皇室统辖的功能,特别是治河的行政管理。中国的城市,就其形式上所显示的,主要是管辖的产物。首先,城市有栅栏和城墙;其次,出于管理的需要,城市的居民通常被限制在特定的区域,这经常是强制性的。归根到底,中国的城市,其功能完全是从维护家产制的需要出发产生、发展和延续的,在城市内部没有变革、发展的动力,因此,中国古代的城市不可能像西方社会的城市那样孕育出近代意义的理性资本主义。

二、传统中国社会法律的一般特点及传统中国社会的法律没有近代化的原因

韦伯充分注意到,从纯粹的经济角度而言,传统中国社会确实存在着一些有利于资本主义形成和发展的有利条件或因素,但这些因素和条件最终并没有挣脱家产制国家机制所造成的藩篱,也没有能够超越宗族主义的传统障碍,而催生资本主义在中国的出现和发展。韦伯认为,这其中的根本原因是:"在中国,缺乏资本主义'经营'的法律形式和社会学基础。"[1]那么,紧接着的问题就是:为什么传统中国社会缺乏适合资本主义经营的形式化法律?或者说为什么传统中国社会法律没有自己完成近代化转型?韦伯认为,这与传统中国社会法律的一般特点有重要关系:

---

[1]　[德]韦伯:《儒教与道教》,江苏人民出版社 1995 年版,第 103 页。

（一）家产制造成"专断破坏国法"

韦伯认为,中国传统社会法律最大的特点在于法律不被尊重,而这其中的根本原因是"专断破坏国法"。他指出:"家产制的国家形式,尤其是管理与立法的家产制性质,在政治上造成的典型结果是:一个具有神圣不可动摇的传统的王国和一个具有绝对自由的专横与仁慈的王国并存。这种情况,无论是在中国还是在其他各地,都会阻碍对这些政治因素特别敏感的工商业资本主义的发展,因为工业发展所必需的那种理性的、可预计的管理和法律机能并不存在。在中国——或一般而言理性的法律创制与立法未能获胜的地方,起作用的是这样一条原理:'专断破坏国法'。"所以,在中国,历朝历代虽然制定了大量的国法,但是,传统中国社会的"法律在很大程度上已不再是一种具有永恒效力的规范,而是只有通过神秘手段能够正确'找到的'规范"①。"普天之下莫非王土,率土之滨莫非王臣"的家产制造成皇权专断者任意破坏国法,因此,法律只有在专断者"想找到的时候"才有意义,在专断者"不想找到的时候",法律没有任何价值。

（二）法律与伦理结合造成缺乏法律的形式性

韦伯指出,缺乏形式性和注重所谓的实际公道是传统中国家产制法律的又一重要特性,而形成这种特性的原因之一是中国的法律与伦理结合。他说:"以伦理为取向的家产制,无论是在中国还是在其他各地,所寻求的总是实际的公道,而不是形

---

① ［德］韦伯:《儒教与道教》,江苏人民出版社 1995 年版,第 120～121 页。

式法律,因此,尽管是传统主义,却没有官方的判例搜集,因为法律的形式主义的性质遭到拒斥,并且特别是因为没有像英国那样的中央法庭。官吏在地方上'牧人',是知道先前那些判例的,这些'牧人'向他们的主子官吏劝告,要按照行之有效的审判模式行事。这在表面上和我们西方的陪审推事引用'类似事件'的裁判习惯相同。只是西方陪审推事的软弱无能,在中国却是无上的美德。中国皇帝所颁布的谕令,大抵上和西方中世纪的教皇敕令中所特有的训诲形式相吻合,只是没有类似的、严密的法律内容。最为知名的诸令谕,并不是法律规范,而毋宁是法典化的伦理规范。"①

韦伯认为,家产制中法律与伦理的结合还体现在皇帝与臣民的关系并不像中国儒家所宣扬的那样是"民为贵,社稷次之,君为轻",皇帝不可能成为客人,他是绝对的主人,他以家长的身份和伦理权威,按其自认为实质公平的方式分配财产,而不管形式上的法律如何。也就是:"在家产制的理论里,皇帝不可能是谁的客人,而上司也不可能是下属的客人,因为按照法律,属下的所有财产是属于上司的——家产制的理想是物质的公平,而非形式的法律。因此,财产与生计,一方面是实际的、合乎目的的问题,另一方面又是关心民众吃饭的社会伦理。中国的社会伦理不是西方那种自然法个人主义的社会伦理,后者是近代由于形式法与物质公平之间的紧张对峙而产生的。中国有文化的统治阶层认为,他理所当然地应该是富有的阶层,不过为了让普天之下的民众感到满意,最终的目标是尽可能普遍

① [德]韦伯:《儒教与道教》,江苏人民出版社 1995 年版,第 122 页。

地分配财富。"①

（三）家产制国家的统治需要造成缺乏私法规定和观念

韦伯认为，家产制国家关注的是家产制中的家长如何稳固统治，至于家产制中的臣民，只要他们服从统治就是最理想状态了，因此，在家产制国家，其法律往往主要是维护作为家产制所有者的最高当局的刑事性法律，而并不关注臣民之间权利义务界定和维护各自自由的法律。这一点在中国家产制国家中表现得尤其明显，韦伯指出："中国的法令虽然具有相对简明的公文形式"，但是，传统中国的"法律主要表现在刑法"，并且"刑法在相当大的程度上强调犯罪行为的事实构成。不过，在我们西方人的观念里应列为最重要事项的诸种私法的规定却极少（有的话，也是间接性的），在中国，根本没有受到保证的个人的'自由权'。例如在战国时代（公元前 363 年的郑国），士人官僚的理性主义开始表现为法典的编纂（将法令刻于金属板上）。但根据史书的记载，当士人阶层讨论这个问题的时候，晋国的一位大臣叔向即有力地反驳道：'民知有刑辟，则不忌于上。'有教养的家产官僚阶层所具有的神性与威望似乎因而被危及，所以这些权势利益再也不容许有这样的念头产生"②。

（四）中国传统法律结构特点造成缺乏自然法观念

韦伯详细研究了自然法的概念和起源、近代自然法的复兴、自然法的分类等问题，特别是他通过研究自然法的价值和作用，得出结论认为，有无自然法观念是法律能否实现向形式

---

① ［德］韦伯：《儒教与道教》，江苏人民出版社 1995 年版，第 173 页。
② ［德］韦伯：《儒教与道教》，江苏人民出版社 1995 年版，第 121 页。

合理性转化的重要因素,中国传统的法律结构是家、国、法一体
的,这种法律结构使得家产制的中国传统社会缺乏自然法
观念。

韦伯认为,自然法有三种作用:一是规范(Normative)作用,
即为制定法提供一个道德基础,并指导和约束法律的制定和实
施;二是正当化(Legitimizing)作用,即为制定法提供一种价值
理性的正当性证明;三是革命性(Revolutionary)作用,即帮助人
们打破旧的社会秩序,创建新的法律体系和社会秩序。韦伯
说:"中国的社会伦理不是西方那种自然法个人主义的社会伦
理。"①"个人自由的任何领域都未得到自然法认可。"②因此传
统中国法律的内在结构缺乏自然法这一层次,社会也没有形成
系统的自然法观念,造成传统中国社会的法律很难完成向形式
合理性的转化。而在西方,正是由于自然法观念的长期存在和
影响,造成了形式合理性法律的产生。具体说,在自然法观念
之下,"西方现代法律的理性化是两股同时起作用的力量的产
物。一方面是资本主义的力量,它关心严格的形式法和司法程
序,倾向于使法律在一种可计算的方式下运作,最好就像一台
机器一样。另一方面是专制主义国家权力的官吏理性主义力
量,它所关心的是系统地制定法典和使法律趋于一致,并主张
将法律交由一个力争公平、地方均等之升迁机会的、受过合理
训练的官僚体系来执行,只要这两股力量缺少其中之一,便无
法产生现代的法律体系"③。传统中国社会缺乏自然法观念支

①　[德]韦伯:《儒教与道教》,江苏人民出版社 1995 年版,第 173 页。
②　[德]韦伯:《儒教与道教》,江苏人民出版社 1995 年版,第 172 页。
③　[德]韦伯:《儒教与道教》,江苏人民出版社 1995 年版,第 174～175 页。

撑,一直以所谓注重"实在公道"相标榜,使得上述两股力量都很缺乏,其后果当然是不能产生形式合理性法律。

(五)自然科学思维之欠缺造成缺乏职业法官和法学家阶层

韦伯认为,自然科学思维之欠缺是造成中国传统法律特点的重要因素。他说:"在中国,系统化的、自然主义的思维得不到发展。西方以数学为基础的自然科学,是众多理性思维形式的一种组合,这些理性的思维形式源于古希腊罗马的哲学,并在文艺复兴的基础上由技术实验发展而来。这种技术实验最早并不产生于科学领域,而是出现于艺术领域,它乃是现代自然科学所有学科的特别要素,文艺复兴的实验性的高等技艺,是两种要素独特结合的产儿:西方艺术家以手工业为基础的经验技能,以及他们由文化史和社会所决定的纯粹理性主义的功名心。他们把自己的技艺提高到与科学同等的地位——(与西方不同),中国的技艺虽然技巧精湛、高雅精美,但都缺少这种导致理性主义的功名心(西方文艺复兴意义上的)的原动力。在家产制官僚体制的条件下,统治者阶层的竞争完全只是受俸禄者及士人猎取功名禄位的竞争,这种竞争把其他所有的追求都扼杀了——其结果,官吏阶层对待生活的这种内在的态度,凭借其特有的实践理性主义,而得以任意发展。在这种实践理性主义的支配下,官吏阶层摆脱了所有的竞争,没有理性的科学,没有理性的技艺训练,没有理性的神学、法律学、医学、自然科学和技术,没有神圣的权威或者势均力敌的人类的权威;而只有以一种切和于官僚体系的伦理。"①

---

① [德]韦伯:《儒教与道教》,江苏人民出版社1995年版,第176～177页。

具体说,自然科学之欠缺造成在中国传统社会的法律领域形成了两个显而易见的特性:

1. 缺乏职业法官

在韦伯看来,法官是需要有严密的、理性的逻辑思维的,但是,家产制的传统中国社会由于缺乏支撑这种理性主义的自然科学传统,因此,法官的职业化并没有发展起来。在中国,只有从事法律的官吏,没有专门执行法律的法官。同时,即使是从事法律的官吏,也不是专门从事法律,而是在他们为皇帝理政敛财乃至文学辞赋之外的兼顾。

韦伯指出:"在中国,并没有一个法官阶层,因为那儿缺乏西方意义下的律师事务所。之所以如此,是因为中国福利国家的家产制特色及其微弱的职权,并不在乎世俗形式法律的发展。在中国,正如前面已经提到过的,'专制破坏国法'的地方上的习俗也抵制法律。中国的法官——典型的家产制法官——以彻底家长制的方式来判案,也就是说,只要是在神圣传统所允许的活动范围内,他绝对不会根据形式的律令和'一视同仁'来进行审判。情况恰恰根本相反,他会根据被审者的实际身份以及实际的情况,或者根据实际结果的公正与适当来判决。"①

2. 缺乏职业法学家阶层

在一个社会中,如果说法官的思维必须受到他所服务的政治体制的强烈制约,那么,独立的法学家的思维在理论上则应该受到政治体制的影响相对较小一些。但是,这是就一般情况而言,至于家产制的中国社会,情况又比较特殊。在中国,同样

---

① [德]韦伯:《儒教与道教》,江苏人民出版社1995年版,第174页。

是由于自然科学思维之欠缺,导致家产制的中国社会并没有产生独立思维的法学家阶层。当然,在中国的确有所谓的"律学家",但是,自汉代开始出现、至魏晋南北朝大盛并且一直延续下来的所谓律学,其从一开始就不是法学家以自然科学的理性精神进行抽象思维的产物,律学家的工作仅仅在于引用儒家经典注释经过皇帝恩准的法律,律学家完全不具有独立思维的能力和条件,他们只是一些维护家产制的官吏或者是表面上为家产制不容、实际上仍然想进入儒家正统的退而不休的官吏,因此,在传统中国社会,根本没有形成独立的职业法学家阶层。韦伯指出:"中国的家产政体,在帝国统一之后,既没有考虑到强而有力且不可抑制的资本主义利益,也没有估计到一个自主的法学家阶层。然而,它必须考虑到能保证其合法性的传统的神圣性,同时也必须顾及到其统辖组织的强度界限。因此,不仅形式的法学未能发展,而且它从未试图建立一套系统的、实在的、彻底理性化的法律。总的看来,司法保持着神权政治的特有的那种性质。就这样,不仅哲学的和神学的'逻辑学'(Logic),而且法学的'逻辑学',都无法发展起来。"①

（六）儒教伦理造成传统中国社会的法律缺乏形式合理性

韦伯认为,宗教对法律的影响是巨大的,西方社会形式合理性法律出现的原因之一在于新教伦理的作用,而中国没有出现形式合理性法律的原因之一也恰恰是在于儒教伦理的影响。韦伯承认,儒教伦理与新教伦理都是理性主义的,但"儒教的理性主义旨在理性地适应现世;而新教的理性主义旨在理性地支

---

① ［德］韦伯:《儒教与道教》,江苏人民出版社1995年版,第175页。

配这个世界"①。因此,儒教伦理不仅是一种信念伦理,而且是一种特别注重"秩序"的理性主义。他说:"儒教所要求的是对俗世及其秩序与习俗的适应,归根结底,它只不过是为受过教育的世人确立政治准则与社会礼仪的一部大法典。"②这使得"在儒教的伦理中,看不到自然与神之间、伦理要求与人的缺点之间、罪恶意识与救赎需要之间、尘世的行为与彼此报答之间、宗教义务与社会政治现实之间的任何紧张性"③。因此,在这种情况下,为了维持世俗的社会秩序,儒教伦理所能运用的资源只能是加强教化,强化传统的仪式规矩,在教化不起作用的时间和地点,只能依靠非形式合理性的、暴力的"法律",而不可能产生适合于资本主义发展的"契约性"的、"经营性"的形式合理性法律。

总之,韦伯作为一个社会法学家,比较早地从世界比较文明的广阔视野出发,深入、系统地研究了传统中国社会和法律领域中的若干重大问题。在韦伯的心目中,家产制国家、宗族组织系统、以实质公道为核心的法律结构,以及以信念和秩序追求为特色的儒教伦理,构成了传统中国社会与法律生活的基本要素,这些要素将中国社会及法律紧紧束缚在坚韧的传统主义网络之中,妨害了资本主义文明和现代形式合理性法律在中国的出现。韦伯的这些看法,当然是以"西方中心论"为基础的,他忽视了世界文明和各国法律现代化过程的多样性,韦伯的论证带有一定程度的独断色彩。但作为一个西方社会法学

---

① [德]韦伯:《儒教与道教》,江苏人民出版社 1995 年版,第 277 页。
② [德]韦伯:《儒教与道教》,江苏人民出版社 1995 年版,第 178 页。
③ [德]韦伯:《儒教与道教》,江苏人民出版社 1995 年版,第 265 页。

家关注中国社会和法律发展,并提出了若干富有启发性的见解,韦伯的思路在西方学术界确实是罕见的。

第九章　新教伦理与资本主义精神

阐释资本主义精神,这是马克斯·韦伯整个思想体系的落脚点。正像伟大的卡尔·马克思所正确指出的那样:资本主义在它产生不到 100 年的时间内所创造的财富是整个人类以前创造财富的总和。马克斯·韦伯对此也深信不疑,并且指出,西方资本主义之所以能够取得如此成就,关键在于有一种难以言状的资本主义精神在起作用,而背后支撑这种资本主义精神的因素可以概括为两大支柱:一是制度性的科层制及其理性法律规则;二是新教伦理这一有利于资本主义发展的宗教崇拜情怀。

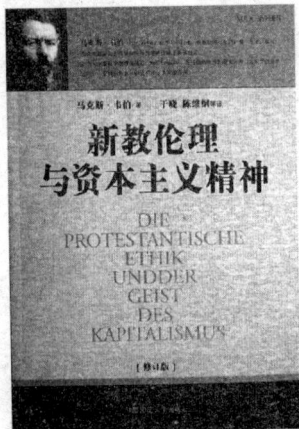

韦伯名著《新教伦理与资本主义精神》中文版封面

一、资本主义精神

资本主义精神在韦伯的社会法学思想当中,是一个具有理想类型意义的概念。虽然韦伯承认很难用简洁的语言来定义资本主义精神,但他在其名著《新教伦理与资本主义精神》一书

的第二章明确指出,本杰明·富兰克林的下述道德箴言是资本主义精神最好的体现:

"切记,时间就是金钱。假如一个人凭自己的劳动一天能挣十先令,那么,如果他这天外出或闲坐半天,即使这其间只花了六便士,也不能认为这就是他全部的耗费;他其实花掉了、或应说是白扔了另外五个先令。""谁若每天虚掷了可值四便士的时间,实际上就是每天虚掷了使用一百英镑的权益。""谁若白白失了可值五先令的时间,实际上就是白白失掉五先令,这就如同故意将五先令扔进大海。"

"切记,信用就是金钱。如果有人把钱借给我,到期之后又不取回,那么,他就是把利息给了我,或者说是把我在这段时间里可用这笔钱获得的利息给了我。假如一个人信用好,借贷得多并善于利用这些钱,那么他就会由此得来相当数目的钱。""影响信用的事,哪怕十分琐屑也得注意。如果债权人清早五点或晚上八点听到你的锤声,这会使他半年之内感到安心;反之,假如他看见你在该干活的时候玩台球,或在酒馆里,他第二天就会派人前来讨还债务,而且急于一次全部收清。""行为谨慎还能表明你一直把欠人的东西记在心上;这样会使你在众人心目中成为一个认真可靠的人,这就又增加了你的信用。"

"切记,金钱具有孳生繁衍性。金钱可生金钱,孳生的金钱又可再生,如此生生不已。五先令经周转变成六先令,再周转变成七先令三便士,如此周转下去变到一百英镑。金钱越多,每次周转再生的钱也就越多,这样,收益也就增长得越来越快。谁若把一口下崽的母猪杀了,实际上就是毁了它一千代。谁若是糟蹋了一个五先令的硬币,实际上就是毁了所有它本可生出的钱,很可能是几十英镑。""假如你是个公认的节俭、诚实的人,你一年虽只有六英镑的收入,却可以使用一百英镑。""一个人若一天乱花四便士,一年就乱花了六个多英镑。这,实际上是以不能使用一百英镑为代价的。""谁若丢失了五先令,实际上丢失的便不只是这五先令,而是丢失了这五先令在周转中会带来的所有收益,这收益到一个年轻人老了的时候会积成一大笔钱。"

"切记下面的格言:善付钱者是别人钱袋的主人。谁若被公认是一贯准时付钱的人,他便可以在任何时候、任何场合聚集起他的朋友们所用不着的所有的钱。这一点时常大有裨益。除了勤奋和节俭,在与他人的往来中守时并奉行公正原则对年轻人立身处世最为有益;因此,借人的钱到该还的时候一小时也不要多留,否则一次失信,你的朋友的钱袋则会永远向你关闭。""要当心,不要把你现在拥有的一切都视为己有,生活中要量入为出。"

这些就是本杰明·富兰克林(Benjamin Franklin)教导我们的话。费迪南德·古恩伯格(Ferdinand Kurnberger)在其《美国文化览胜》(Picture of American Culture)一书中认为,这些话是美国佬的一份自白。毫无疑问,这些话所表现的正是典型的资本主义精神。

由上面韦伯对富兰克林道德箴言的推崇,可以看出,韦伯所指资本主义精神至少包括这样两方面的含义:

(1)"尽可能多地挣钱"。这是资本主义合理性对效率的重视和对可计算性推崇的最直接、最简明的概括。韦伯特别指出,产生这种资本主义精神的最大障碍是传统主义。传统主义是前资本主义时代流行的一种生活方式,它使人们固执地维持习惯性的需要,而不愿作出努力来换取生活方式的改变。例如一个人按每英亩 1 马克的价钱收割了 2.5 英亩地,从而挣得 2.5 马克。现在工钱提高到每收割 1 英亩得 1.25 马克,本来,这个人可以轻易地收割 3 英亩,得到 3.75 马克。但他并不这么做,他只愿收割 2 英亩,这样仍然可以得到他已经习惯得到的 2.5 马克。于是,"他并不问自己,如果我尽力去工作,我可以得到多少钱? 他实际上在问:我要做多少活,才能挣到以前挣的 2.5 马克?"如果真是这样的话,那么,这个人就是非常缺乏资本主义精神的。

(2)资本主义精神与"金钱欲"之间存在着鲜明的界限。资本主义精神鼓励挣钱,这只是出于"恪守天职",与"金钱欲"不能直接画等号。韦伯的名言是:"贪得无厌绝不等于资本主义,更不等于资本主义精神。"[1]事实上,"金钱欲"的历史与人类历史一样古老,但是,资本主义精神和前资本主义精神之间的区别,并不在赚钱欲望的发达程度上,中国清朝的官员、古罗马的贵族、现代的农民、那不勒斯的马车夫、南欧或亚洲的手艺人,他们的贪欲一点也不亚于任何人,但这种贪欲要成为资本主义精神,起码要接受两个限制:其一,金钱欲的满足必须是符合道德的;其二,这种有道德的金钱欲必须为全体社会成员所接受,成为一种真正的社会性伦理。

总之,韦伯所谓的资本主义精神,其最重要的是强调通过

---

① 转引自贾春增主编:《外国社会学史》,中国人民大学出版社 2000 年版,第 121 页。

一种诚实、有信用的方式去赚得最大和尽可能多的财富，"赚钱是美德"是资本主义精神的归宿，但是，"尽可能多地赚钱"这一信念必须有一整套与之相配的价值伦理相互适应，即赚钱并不是不择手段，也不是无止境的贪婪，更不是一种名利欲，而是遵循"诚实、信用、不浪费、有成就"的模式，鼓励人们通过仔细的、合理的计算去获取最大限度的经济上的利益，以达到成功。这也就是说，并不是任何社会、任何条件下的挣钱欲都体现出资本主义精神，资本主义精神是需要一定的条件支撑的，最起码制度规则基础上的科层制和观念价值上的新教伦理是两个必不可少的要件。

二、新教伦理

韦伯认为，支撑资本主义精神的除了形式合理性的科层制和法律规则以外，最重要的是伴随着欧洲宗教改革运动而出现的新教伦理。正是新教伦理对西方资本主义的起源和资本主义发展的合理化进程产生了决定性的影响。

首先，韦伯将世界范围内各大宗教体系进行了分类。他认为，按照宗教对待世界的方式，可以把宗教分为"入世的"和"出世的"两种形式；按照宗教行为的特点又可以把宗教划分为"禁欲的"和"神秘的"两种形式，在此基础上，韦伯把所有宗教的表现形式作了进一步的划分，建立了以下几种理想类型：(1)入世禁欲主义。这种宗教把在尘世的劳动看做是人的天职，努力而勤勉的工作被视为赎罪和获救的手段，甚至被看做是荣耀上帝的行为。新教便是这一类型宗教的典型代表。(2)出世禁欲主义。这种宗教完全拒绝外部尘世，抗拒任何世俗的诱惑，把一切世俗生活都看做是不具有道德意义上善的性质。天主教是这种宗教的典型形式。(3)入世神秘主义。这种宗教遵从某种圣统,信奉千年不变的传统权威,要求顺应世俗,但带有悲观论和宿命论的色彩。儒教是这种类型宗教的明证。(4)出世神秘主义。这种宗教突出的表现是弃世厌俗,沉于冥想。看破红尘的印度教是这种宗教的典型形式。

其次,韦伯指出,在上述各种宗教类型当中,只有新教最有利于促进资本主义精神的产生和发展,其他宗教都不具有或不明显具有这一功效。

(一)儒教为什么不能促进资本主义精神

韦伯指出:"在各国角逐政治权力的时代,在世袭制国家里普遍存在的以政治为前提的诸侯御用赞助人和供应商的资本主义,在中国似乎也同全世界一样,在同样的条件下起过十分重要的作用,干过一番带来高利润率的大业。"①但是,具有资本主义精神的近代资本主义"制度(在中国)不是根本没有,就是面目皆非"②。"在中国,至少在这方面特别敏感的产业资本主义,在其发展的道路上,行政和司法没有发挥出可以计算的理性功能来。"③换言之,近代资本主义精神直到清朝末年并没有得到青睐和推崇,那么,这其中的原因是什么呢? 韦伯认为,最关键的是中国的宗教——主要是儒教不利于资本主义精神的产生,为此,韦伯专门研究了中国的宗教与资本主义发展的关系问题,并有专著出版,目前韦伯的专著《儒教与道教》中文译本

---

① [德]韦伯:《儒教与道教》,江苏人民出版社1995年版,第138页。
② [德]韦伯:《儒教与道教》,江苏人民出版社1995年版,第139页。
③ [德]韦伯:《儒教与道教》,江苏人民出版社1995年版,第154页。

有江苏人民出版社和商务印书馆两个版本。

本书作者不想对韦伯关于"儒教与道教"的分析进行全面展开,这里只想引用美国学者莱因哈特·本迪克斯对韦伯关于儒教和新教特点的归纳,来说明韦伯为什么提出儒教不能促进资本主义精神。

莱因哈特·本迪克斯对韦伯关于儒教和新教特点的归纳①

儒　教	新　教
信仰非人格的宇宙秩序;容忍巫术	信仰超人世的上帝;反对巫术
适应世界,以维护天人和谐;以秩序为理想	通过无休止地寻求上帝眼中的美德来驾驭世界;以不断变化为理想
为实现尊严和自我完善而时时自我克制	为抑制邪恶本性和实现上帝旨意而时时自我克制
没有与神圣的传统相关联的先知预言;人人只要循规蹈矩就能避免激怒鬼神并成为"君子"	先知预言创造了传统,而现实世界是邪恶的;人单靠自己的努力不能达到善境
家庭伦理支配一切人际关系	一切人际关系服从于侍奉上帝
亲属关系是商业交易、民间社团、法律和公共管理的基础	理性法规和契约协定是商业交易、民间社团、法律和公共管理的基础
对大家族之外的人一概不信任	信赖一切"同信仰的弟兄"
财富是尊严和自我完善的基础	财富是一种诱惑,是一种道德生活的不期而遇的副产品

从儒教和新教的特点可以看出,儒教和新教代表了两种博大精深的但又相互排斥的理性主义精神。虽然儒教和新教都力图追求合理性,但儒教和新教却导致了中国社会和西方资本

---

① 参见[美]莱因哈特·本迪克斯:《马克斯·韦伯思想肖像》,上海人民出版社2002年版,第141页。

主义社会合理性的"吊诡"。在中国,实质合理性的物质福利是高于一切的生活目标,儒教和经济学说所精心探求的便是如何增进人民的幸福,但是,由于缺少相应的经济形态,特别是儒教自身的伦理精神及特点所决定,中国在近代无法成功实现向资本主义的转化。同样,由于新教的特点所决定,新教虽然反对将追求财富作为目标,但却在无意中促成了一种资本主义经济形态和一种有条理的形式合理性的资本主义精神的出现。造成中国与西方社会合理性"吊诡"的原因或许在于:儒教信仰的目标是谋取和维护"有文化的身份地位",其手段是适应现实,接受教育和自我完善,举止文雅有礼,享用而不是积聚财富,提高审美修养而不是精于一技,尤其是把家庭伦理作为官场中的行为模式。而对于新教及其教徒来说,理性主义和积聚财富则有另一种意义,有计划地控制人的本性和对日常生活的道德检查是信奉上帝的手段,这种手段最终导致对世界的驾驭。新教徒作为"上帝的工具",将禁欲行为与强烈的信仰和行动的热情结合起来,这与儒家的审美价值大相径庭。正是这种儒教与新教导致的人们心态上的差异,促进了资本主义在西方的巨大发展和在中国的相反情况。

（二）新教伦理与资本主义精神

众所周知,公元 14 到 16 世纪,是西方中世纪神学法律思想向近代理性法律思想的转型时期。在这一时期,发生了两个大的运动,这就是文艺复兴运动和宗教改革运动。这两场运动在思想文化领域对人们的思想观念产生了强烈的震撼和冲击,同时,它也必然地反映到了法律思想领域。如果说文艺复兴运动是一场由精神贵族发起的贵族革命的话,那么,宗教改革运动则是一场涉及到每个人心灵的纯粹的平民革命。因为,宗教改革的目的是按照新兴的资产阶级的要求改造教会和宗教教义。通过宗教改革运动,不仅使教会成为各民族国家内部的组织,使宗教开始退出现实的政治舞台而成为人们私人领域的信仰,更重要的是,宗教改革运动倡导的自由、平等、竞争、发财等观念,恰恰契合了近代社会发展的观念意识。对于宗教改革对近代资本主义发展的意义,恩格斯曾经予以高度评价,指出:"宗教改革——路德和加尔文的宗教改革——这是包括农民战争这一危急事件在内的第一号资产阶级革命。"①

那么,宗教改革产生的新教伦理与资本主义精神到底是如何具体发生关联的呢?韦伯在《新教伦理与资本主义精神》一书中给予了明确的解析。在韦伯看来,一个人对"天职"负有责任,是资本主义精神中最具代表性的东西。而"天职"这一概念的形成和深入人心恰恰是宗教改革以后形成的新教伦理直接作用的产物。

首先,"天职"一词,来自于宗教改革领袖之一的路德对《圣经》的翻译和再发挥。本来,无论是德语"Beruf"还是英语"Calling",都暗含着某种由上帝安排任务的意思,即"天职"的观念。然而,这一词语经过路德的翻译和解释,除了保留原有部分含义之外,路德还加进了大量新教伦理的内容。至少包括:(1)天职概念赋予所有新教教派以核心教义,它使人们相信,上帝所能够接受的唯一的生存方式,不是让人们以苦修的禁欲主义超越世俗道德,而是要人们完成其在尘世所处位置赋

---

① 《马克思恩格斯全集》(第 21 卷),人民出版社 1965 年版,第 459 页。

予他的义务,这就是他的天职;(2)由于事业的成功成了履行天职的体现,这使得拼命挣钱的行为有了某种神圣性,换言之,它不可避免地使人们日常行为具有了宗教意义。在韦伯看来,路德对"天职"一词的这一解释和发挥,至少在客观上为证明世俗生活具有道德意义起了作用,从而为人们在现实中以"拼命挣钱"和"克欲"为主要内容的资本主义精神,找到了道德和宗教依据。

其次,韦伯重点分析了加尔文教的天职观与资本主义精神的亲和关系。本来,路德教和加尔文教作为新教的两大教派,他们在促进资本主义精神产生的总的方面是一致的,但也有不同。表现在:韦伯认为,尽管路德在宗教改革中进一步发挥了天职概念,但是,他并没有从根本上破除传统主义,真正促成宗教观念在近代进行资本主义变革的是加尔文教。由于加尔文教坚守"预定论"的教义,将一个人的灵魂是否得救,视为上帝在人们出生以前便已确定的事情,因此,它摈弃了包括圣礼、忏悔、教会等在内的一切宗教仪式,否认经由这些途径获得个人救赎的可能性。表面看来,这种充满宿命论的预定论在鼓励人的奋斗上消极色彩浓厚,人是否获得救赎是上帝先定的,与个人的努力无关。但事实上,正是这种内在固有的消极宿命论倾向孕育了加尔文教积极的入世禁欲主义伦理。因为在知道获得救赎为上帝先定了以后,教徒们便开始面临如何在世俗生活中证明自己是被上帝挑选的"选民"的问题。每一个人都担心自己在为上帝服务的事业中功亏一篑,担心自己成为上帝的"弃民"。因此,在加尔文教彻底堵上了人们通过道德努力就能够通往天堂的可能性之后,每个人只能以世俗职业上的成就来确定上帝对自己的恩宠,只能在世俗的工作中加倍努力、拼命挣钱,才能回报上帝对自己的"圣选"。这样,加尔文教就从预定论推演出了天职观,又从天职观孕育出了入世禁欲主义,而这两点,恰恰就是资本主义精神的实质所在,韦伯在这里,至少证明了新教伦理与资本主义精神存在着某种"亲和性"。

总之,在韦伯看来,至少从 16 世纪开始,新教就用其自身的伦理逐渐切入信徒的个人生活和社会生活,它使教徒逐渐相信,为世俗生产和生活而辛苦劳作不是为了世俗的享受,或是刻意追求某种行动的条理化,而是教徒们普遍感到自己有义务履行为了上帝的荣誉而尽的责任。这种天职驱使他们深深投入日常生活,个人必须通过那些平常的有时近乎琐细的行动方能检验自身,并获取自我救赎。新教运动通过求助于作为一种得到认可的天职的劳动来具体验证这些天职的内容。按照新教徒的理解,无休止的、不间断的和有组织的劳动本身变成了世俗生活的首要目的,变成了来世得到超度的禁欲主义手段,变成了复活和虔信最可靠的标志。这种以伦理和宗教信仰为世俗生活的精神取向的合理化运动,对近代资本主义的出现作出了意义深远的贡献。新教运动对当代西方资本主义社会的影响恰恰也是在这一运动的实质合理性消解之后,逐步表现出它的形式上的实证价值。也就是说,在现代资本主义社会,人们通过禁欲寻找天国的强烈愿望逐渐迷失了,代之以反映了形式合理性的功利主义、技术主义和实证主义,对于伦理价值的热情,让位于缺乏人性的冷冰冰的整理、归纳、演绎、推理、计算和论证之中,为了追求效率,人们日益把价值、信仰、理想弃之不顾,而几乎在社会领域的各个层面都努力用被认为能够最大限度地提高效率的机制——现代科层制组织起来。作为社会主体的个人,在庞大而且全能的科层制面前,他们已被彻底地物化了。韦伯认为,形式合理性与实质合理性之间的历史的和现实的悖论,反映了资本主义发展过程中的不平衡,它既是现代资本主义文明独特成就的主要根源,又是现代资本主义文明局限性的主要根源。

第十章　韦伯社会法学与
相关思想大家理论比较

一、韦伯与马克思

根瑟·罗斯(Guenther Roth)教授在为莱因哈特·本迪克斯所著《马克斯·韦伯思想肖像》一书写的导言中说:"围绕韦伯和马克思的著作及其影响的学术研究和争议一直绵延不绝。尽管对其他思想家和现代社会思想史上的其他'主义'也始终有人在研究,但是关于马克思和韦伯的研究规模之大则是无与伦比的。对马克思的关注是毫不为奇的,因为与马克思的名字相联的政治意识形态,为世界上一大部分地区的政府提供合法性证明;还因为在其他许多国家里,由于面对着长期得不到解决的不平等和不公正,离经叛道的知识分子的革命热情无法平复,其激进主义的态度维持着各种类型的马克思主义。但是,韦伯则不同,他从未在政治和学术中创造某种'主义',也未创造某些人所说的政治决定论或个人主义方法论。那么,是什么使人们一直对韦伯的思想怀有那么大的兴趣呢?"①换句话说,人们为什么总是把韦伯的成就与马克思相提并论呢?

马克思在人类思想史上的历史地位是无人可及的,这不但以意识形态划分的社会主义者这样认为,而且,马克思被西方评为唯一与爱因斯坦并驾齐驱的千年伟人这一事件本身,足以看出马克思的价值。人们对马克斯·韦伯的评价确实存在分歧,但是,从相当一部分学者称"韦伯是资产阶级的马克思"这一事实,也的确可以看出韦伯的价值。有学者指出:"有些西方学者认为,正像有一批'马克思主义者'那样,也有一个'韦伯派'。"②这话当为不谬,从20世纪30年代起,众多学者就开始热衷于对马克斯·韦伯与卡尔·马克思进行比较研究和评析。为了更加清晰地透视韦伯,我们也不能不对德国这两位世界级的人物再多占用一些笔墨。

莱因哈特·本迪克斯所著《马克斯·韦伯思想肖像》一书中文版封面

按照根瑟·罗斯教授的看法,人们之所以关注韦伯以及他与马克思的关系,"最主要是他在学术上的优势"③。这种说法

---

① 参见[美]莱因哈特·本迪克斯:《马克斯·韦伯思想肖像》新版导言,上海人民出版社2002年版,第1页。

② 郑涌:《韦伯》,香港开明出版社、中华书局(香港)有限公司1997年版,第17页。

③ 参见[美]莱因哈特·本迪克斯:《马克斯·韦伯思想肖像》新版导言,上海人民出版社2002年版,第1页。

对于一般性地评价韦伯来说有一定道理,但对于评析韦伯与马克思的关系而言,有很大的片面性。

本书作者认为,韦伯的贡献及思想影响的确很大,但就其与马克思的关系来说,我们必须注意两点:

其一,韦伯思想观念中的某些部分来源于马克思,或者与马克思相通。换言之,韦伯思想的某些方面与马克思存在着某种继承关系。关于这一点,一些较为客观的西方学者并不否认,如社会学家科瑟(Coser)认为:"不仅韦伯的观念、社会学,而且他的许多著作都可以视为与卡尔·马克思不断交流思想的结果——他的分层理论和经济行为理论就根植于马克思的经济学和社会学之中。"①社会学家特纳(Tuener. J.)和比奇利(Beeghley. L.)更明确而具体地指出,韦伯从马克思那里获得的精神遗产是无法估价的,因此,两人的相似之处也是多方面的。至少包括:(1)韦伯尽管阐述了新教伦理与资本主义精神之间的关系,但是,他并不反对马克思所肯定的物质因素在其中所起的作用;(2)韦伯和马克思一样,都看到了现代社会对个人自由的限制;(3)作为系统化的理论家,马克思和韦伯都力图在人活动于其间的情境和环境背景中建立各种关系;(4)韦伯和马克思都看到了人的决策在历史过程中的重要性;(5)在韦伯和马克思的著作中能够推导出某种能够共生互补的理论原则。②

其二,韦伯思想与马克思的思想存在着某种紧张的对峙关

① 转引自周晓虹:《西方社会学:历史与体系》(第 1 卷),上海人民出版社 2002 年版,第 391 页。

② 参见周晓虹:《西方社会学:历史与体系》(第 1 卷),上海人民出版社 2002 年版,第 391 页。

系。韦伯与马克思的关系之所以常常引起人们关注,更重要的
是由于二人思想的紧张对峙。有学者指出,韦伯与马克思的分
歧主要有三个方面:一是关于科学的本质;二是关于历史必然
性的理论;三是关于唯物史观。其中,最重要的是第三点,即二
人在对社会发展决定因素的解释上存在重大分歧。众所周知,
西方学者对马克思的指责比较集中于有意无意地被这些学者
自己曲解或庸俗化的马克思主义的经济决定论。在这一点上,
韦伯对马克思的攻击是颇负盛名的。可以说,韦伯思想的归结
点——《新教伦理与资本主义精神》的核心内容直指马克思,韦
伯认为,马克思把社会发展的决定原因归结为经济因素,不仅
使人们成为了单纯追求经济利益的动物,而且不符合历史事
实,尤其不符合西方社会发展的事实和规律。在韦伯看来,新
教伦理和资本主义精神同样具有塑造社会结构的力量。

　　针对包括韦伯在内的西方学者对马克思的曲解,恩格斯曾
经直接反驳说:"根据唯物史观,历史进程中的决定因素归根结
底是现实生活的生产和再生产。无论马克思或我都从来没有
肯定过比这更多的东西。如果有人在这里加以歪曲,说经济因
素是唯一决定性的因素,那么,也就是把这个命题变成毫无内
容的、抽象的、荒诞无稽的空话。"①自此以后,100多年来,学者
之间的笔墨官司很多,我们不必多加涉及。在这里我们只想指
出,后世一些西方学者,强调甚至夸大韦伯与马克思的差异,可
能是为了用韦伯替代马克思。而一些极力捍卫马克思的学者
则认为,作为一个标新立异的思想家,韦伯"思想的生命力只能

---

① 《马克思恩格斯选集》(第4卷),人民出版社1972年版,第477页。

以与马克思不同的方式彰显,否则,就可能被笼罩在马克思的光辉之下"①。这些说法应该说都有一定道理,因为韦伯与马克思的差异的确是客观的,而且是巨大的。但我想,如果我们把思路拉回到 100 年以后当今中国社会的现实,来重新审视韦伯与马克思,我们会惊诧地发现,中国社会今天是多么地需要马克思,同时,也不应该排斥韦伯!

二、韦伯与尼采

如果说韦伯与马克思关系的比较是宏观上的和思想体系上的,那么,韦伯与尼采的比较则是点和面上的。本部分主要就韦伯的卡理斯玛理论与尼采的超人理论进行比较,以期说明他们对现代乃至后现代理论的影响。

为了叙述的方便,首先简单介绍一下尼采的情况。弗里德利希·尼采(P. Nietzsche)1844 年生于普鲁士萨克森州一个牧师家庭。自幼体弱多病,敏感脆弱,孤僻且沉于幻想和深思;对艺术特别热衷;有强烈的权力欲;对语言有极为细腻的感受;从童年时代起,极不安分的灵魂便开始短暂而动荡的思维历程;并在充满矛盾的禀性中,实践半个世纪的悲剧人生。主要著作有:《悲剧的诞生》、《人性的、太人性的》、《快乐的知识》、《查拉斯图拉如是说》、《善恶的彼岸》、《道德的谱系》、《偶像的黄昏》、《反基督教者》、《瞧! 这个人》等,为人类留下灿烂辉煌的思想轨迹。

---

① 周晓虹:《西方社会学:历史与体系》(第 1 卷),上海人民出版社 2002 年版,第 391 页。

雅斯贝尔斯曾这样评价尼采："他一生超出常规的生存,没有现实的生计,没有职业和生活圈子。他不结婚,不招门徒和弟子,在人世间不营造自己的事物领域,离乡背井,到处流浪,寻找那找不到的东西。然而,这却是尼采哲学活动的全部方式。"他一生都怀着对人类的无

与韦伯同样善于思考的
思想家尼采

限深爱和悲悯,企图寻找日神和酒神、浪漫和悲观的统一;寻找宾至如归的希腊故乡,但直到辞世,都始终没有如愿以偿。这也算是"命运之爱"特意给他造就了悲壮、凄凉的一生。1889年,尼采完全变疯,1900年带着"痛苦的清醒"辞别人世。

1.韦伯"卡理斯玛"精神与尼采"超人"理论的相似性

尼采与韦伯几乎处于同一个时代,尼采生于1844年,韦伯生于1864年。他们思想的成熟时期正是德国资产阶级革命时期,一方面,他们都代表了新兴的资产阶级利益,为资产阶级革命摇旗呐喊,特别是在批判封建主义方面,起到了重要的作用。另一方面,尼采与韦伯又都以超时代的气魄、敏锐的目光,看到了资本主义社会所具有的局限性,看到了资本主义发展到后来就会背离自己的理想,走向与自己理想相反的道路。随着资本主义的发展,这种资本主义本身的局限性将会越来越明显,因此,尼采和韦伯都隐约地感到资本主义制度不是最合理的。当然,他们并不会像马克思那样得出资本主义必然灭亡这种革命性的结论,而是寄望"超人"(尼采)或者"卡理斯玛型"人物的出现,来拯救世界。

我们先看一下尼采的思路。众所周知,尼采理论的思想基

础是权力意志论。尼采在意志主义的基础上,认为人的本质在于意志,世界的本质也在于意志,这种意志的本质就在于权力,在于掠夺、在于压制,整个世界就在这种权力斗争、掠夺与压制的过程中不断前进,但现在的世界已经走向堕落,走向毁灭,正处于一种轮回之中。传统所认为的上帝也无法挽救这种堕落,唯有一个全新的超人才可能挽救人类,从轮回中将人类救出。因此,超人就是人类走向毁灭过程中的新的救世主,是擎天柱。这个超人是对传统的上帝的否定,取代上帝而成为人类新的标准,上帝已经死了。由于取消了传统的上帝这一绝对的标准,因此再也没有绝对的真理,没有绝对的标准。一切都是相对的,如果说要有什么标准的话,那也是看是否有利于意志的发展,是否有利于增强权力,唯有有利于意志的发展、有利于增强权力的,才是标准,才是真理。

正是这种否定上帝和否定传统的做法,使得尼采具有后现代的奠基人的称号。尼采的超人学说则是他的意志主义学说的集中体现,这个超人,即"查拉斯图拉",是作为高度权力意志的集中体现,是未来的最终代表,也是一切的意义所在,用尼采的话来说,就是大地的意义,是拯救人类的救世主,是力挽狂澜的擎天柱。他的原则不需要理性,他的为人不需要同情,他就是一切。这样的超人,并不是人类进化的结果,而是人类在痛苦中锤打的结果。虽然人类是从动物中进化而来,但人类并不能自然进化为超人,人类与超人相比,犹如猿与人相比,只能是一个笑料,只能是被超人所用的工具。可见,尼采的超人就是一个充满着非理性的、具有不息能量的欲望的集合体。

尼采通过超人的形象设计,目的是要表明一种反传统、反理性的思想倾向。我们知道，尼采在哲学本体论中提出了权力意志论，主要是针对以黑格尔为代表的理性主义，但这背后却是针对整个西方世界自苏格拉底以来的理性主义思维。在尼采的思想中，实际上是要否定哲学，否定理性，更要否定上帝，总之，要否定一切。这种反映时代危机、阶级危机的哲学思想，在尼采那里正是以超人这一形象来加以表现的。

现在我们再回到韦伯。韦伯的卡理斯玛理论与尼采的超人学说虽然立论的出发点不完全相同，但其想要解决问题的归结点是一致的。如前所述，韦伯思想的基础是合理性，这种合理性主要是继承了德国古典哲学中的理性主义，但是，韦伯解释的法学方法论和无涉个人意念价值判断的法学方法论，促使韦伯在进行理性主义思考的时候，还自觉和不自觉地注意到理性主义的局限性，大致说来，韦伯理论的后一种倾向主要是通过对"卡理斯玛"这一超凡脱俗的品质的论述来体现的。

在韦伯的思想中，卡理斯玛是个复杂的概念，按照韦伯的阐述，卡理斯玛本来是他从神学中借用过来的，是指一种超自然或超人所具有的极不寻常的特质，这种特质只能来自神的恩宠。凡是具有卡理斯玛特质的人就是具有神的恩宠，因此，卡理斯玛不是自然秩序的一部分，也不是物质世界或社会的一部分；它来自外在，而非内在。韦伯说："'魅力'（即卡理斯玛）应该叫做一个人的被视为非凡的品质（在预言家身上也好，精通医术的或者精通法学的智者也好，狩猎的首领或者战争英雄也好，原先都是被看作受魔力制约的）。因此，他被视为天分过人，具有超自然的或者超人的，或者特别非凡的、任何其他人无法企及的力量或素质，或者被视为神灵差遣的，或者被视为楷模,因此也被视为'领袖'。"①这里我们可以看出,韦伯对卡理斯玛的理解与尼采对超人的理解颇有相同之处。也就是说,无论是韦伯的卡理斯玛精神,还是尼采的超人,都具有超凡脱俗的超自然的品质。

2. 韦伯"卡理斯玛精神"与尼采"超人"理论的相异性

韦伯与尼采虽然都想借助超凡脱俗的外在力量完善自己的理论,但是,韦伯的卡理斯玛精神至多是一种理性精神之外的非理性补充,而尼采的超人理论则是他要"重估一切价值"的产物。尼采公开倡导"铁锤哲学",主张非理性地推翻和砸碎一切,他自称是"炸药和真正的破坏者"。在尼采的

尼采思考"超人"

所有著作中,对旧有的价值和真理统统采取冷嘲热讽、嬉笑怒骂的态度,他否定以往的一切道德信条、理性、美德、知识,认为有史以来理性的最大错误就在于扼杀了非理性的生命和本能。尼采认为,正是自命不凡的理性者感情贫乏,思想迟钝,缺乏激情,缺乏创造性,使得传统的东西充满虚幻和谬误。尼采说,与日神阿波罗相比,他宁愿做个酒神,因为酒神才真正代表真实、破坏、疯狂和本能,只有处于狂醉之下,本能才可能横溢,超人才能实现。

与尼采不完全一样,韦伯虽然充分认识到并且详细论证了卡理斯玛精神具有"革命性的力量",但韦伯并不主张以卡理斯玛精神非理性地破坏一切。韦伯的卡理斯玛更多的是作为一

①　[德]韦伯:《经济与社会》(上卷),商务印书馆1997年版,第269页。

种非同寻常的优秀品质,这种优秀品质是理性化发展的结果,是非理性的因素。"因此,先天性魅力型的统治不承认有任何抽象的法律原则和规章制度,也不承认有'形式的'司法。它的'客观的'法就是对上天的恩惠和与神等同的英雄力量极端个人经历的具体的结果,意味着拒绝任何外在制度的约束,以利于仅仅对真正的先知预言家和英雄的思想进行神化。因此,它的态度是革命的,要推翻一切,绝对不受限制的,要同整个传统的或者理性的准则决裂。"①

　　但是,韦伯在看到卡理斯玛精神具有革命性的同时,他也清醒地意识到,卡理斯玛的革命性力量,最终也无法摆脱例行化的命运。韦伯认为,革命性政治背后的"信念伦理"观念隐含着某种不可忽视的危险,因此,这种非理性的精神力量,往往与科层制的理性力量相反,它更多的是从内心出发,凭着直觉进行革命。"正如我们已经看到的那样,官僚体制的理性化也可能是对传统的一种头等的革命力量,而且也曾常常确实如此。但是,它是通过技术手段进行革命的,原则上讲——尤其如同经济学的任何改造所表现的那样——是'从外部'进行的,首先对物和制度,然后由此出发对人进行革命化,对人是在改变其对外界的适应条件和可能是提高其对外界适应的可能性的意义上,通过合理的确定目的和手段,进行革命化的。与此相反,魅力统治的权力是建立在对默示和英雄的信仰之上的,建立在感情上确信宗教的、伦理的、艺术的、科学的、政治的或者其他性质的价值及其显示的价值之上的,建立在英雄主义之上的,

---

　　① [德]韦伯:《经济与社会》(下卷),商务印书馆1997年版,第449页

不管是苦干的英雄主义还是战争的英雄主义，也不管是法官的智慧的英雄主义、魔法赋予的英雄主义，还是不管其他什么性质的英雄主义。这种信仰‘从内部’出发对人进行革命化，并企图依照它自己革命的意愿来塑造事物和制度。"①也就是说，卡理斯玛精神所造成的对人的革命，与科层制所造成对人的革命是不同的，科层制是通过理性化的手段来完成对人的革命，而这种革命实际上是仅仅从外部来进行的；而卡理斯玛则不同，它也是对人进行革命，但是它是从人的内部进行的，这样的革命虽然要比外部进行的革命来得更加深刻，但它如果没有外在理性化的规则和制度保障的话，卡理斯玛精神支撑的社会和法律改革是不能持久的，这也就是卡理斯玛型统治不能长久，它或者向传统型统治转化，或者向以科层制为基础的法理型统治转化。所以，从这意义上说，韦伯的卡理斯玛精神与尼采的超人相比，具有更多的工具价值意义，而相对较少一些目的价值意义。

总之，韦伯的卡理斯玛精神与尼采的超人既有相同之点又有不同之处。就他们试图超越传统局限，为现代乃至后现代思想理论奠基寻求突破而言，二人有着不约而同的默契。无论是韦伯的卡理斯玛还是尼采的超人，都是这种突破传统努力的一种尝试；但是，二者又存在着一定的差异性。尼采的超人主要体现了他的权力意志的本体论，通过超人可以改变以往的一切传统，利用超人来重新审视一切价值标准，凡是有利于超人的

---

① ［德］韦伯：《经济与社会》（下卷），商务印书馆 1997 年版，第 450~451 页。

发展,这就是有价值的,反之,就是没有价值的。而韦伯的卡理斯玛精神则作为一种孕育于传统乃至巫术中但却具有非理性特别是反理性的精神品质,它的存在虽然具有反理性的革命性质,但是,韦伯并未寄望以此完全超越理性和理性主义,它不过是韦伯在进行理性主义思维大厦建构过程中,在韦伯发现了纯粹理性主义思维的不足的情况下试图予以补救的临时性措施。所以,尽管韦伯和尼采都可能在某一点上说出了所谓的"后现代语言",但他们的自觉程度未必完全一样。

三、韦伯与哈贝马斯

关于韦伯、马克思、哈贝马斯三人之间理论的关系和特点,英国学者奥斯维特曾经指出:"如果说韦伯是资产阶级化的马克思,那么,哈贝马斯则是马克思化的韦伯。"①因此,真正理解韦伯的社会法学理论,我们还必须关注韦伯与哈贝马斯的关联。

韦伯与哈贝马斯的关系主要体现相互联系的两个方面:一方面韦伯的理论对哈贝马斯的思想产生了重要影响;另一方面,哈贝马斯通过继承韦伯的理论,在现代理论建构乃至后现代的理论阐释中一定程度上超越了韦伯的思路。韦伯与哈贝马斯关系中的这两种倾向在他们的社会法学理论有关理性的研究中表现得尤其明显。

---

① [英]威廉姆·奥斯维特:《哈贝马斯》,黑龙江人民出版社 1999 年版,第 4 页。

（一）近代理性向现代理性转化的韦伯与现代理性向后现代
转化的哈贝马斯

哈贝马斯和韦伯都是以合理性概念为中心构建和发展了
各自的思想理论体系的。两位理论大师的合理性理论是一脉
相承的，但是，由于韦伯生于 1864
年，哈贝马斯生于 1929 年，韦伯面
临的是近代化和现代化的问题，哈
贝马斯面临的是现代化乃至后现
代开始对现代化进行反思的问题，
所以，他们的合理性理论所要解决
的问题是不同的，韦伯的合理性理
论只是分析近、现代社会的叙述工
具，即寻找分析近现代社会的价值
中立的理想型工具；而哈贝马斯的

《哈贝马斯在华讲演集》

合理性理论主要是为了寻觅克服现代性危机的线索或钥匙，其
主观目的是为了重建现代社会的普遍基础。

1. 韦伯的合理性理论是分析和诊断近代向现代转化的理
想类型工具

19 世纪 20 世纪初，在对世界文明整体上从近代向现代转
化过程中，韦伯创造性地运用"合理性"概念对世界各种文明进
行诊断。可以说，正是韦伯提出的合理性概念，将近代以来的
理性主义思潮具体化为作为理论机制的合理性理论。换句话
说，韦伯把当时既受到绝对信赖又遭到绝对否定的理性转移到
社会科学的层次，并将其反映在合理性概念里，以合理性概念
为中心说明并分析近代社会。韦伯的这一理论构建意味着从

哲学的"理性"范式转换到社会科学的"合理性"范式。因此，韦伯将作为人的思考能力的理性拓展到人的行为或历史、社会乃至法律的具体现实领域，成为人的行为或社会所具有的特性，或者是成为能说明人们社会法律行为的根据。

韦伯的合理性理论是在吸收了自启蒙运动以来的人类思维成果基础上发展而来的。启蒙运动以来，人们所产生的对人的理性的信赖实际上是，它首先相信人类的世界（宇宙）具有与数学性的普遍法则一样的秩序；其次相信人们具有把握这种规律性的秩序的能力。韦伯在此基础上正确地指出，人类的这种理性不仅有助于人们对世界的解释或理解，而且实际影响到生活世界（即人的行为、社会结构或法律制度等方面）的普遍法则。换言之，人类的理性有助于社会在各方面得到客观性和效率性的提高。韦伯认为，近代西方社会所经历的正是上述两个层次的变化，从中世纪到近代转换的这种历史性变化其实是两个层次的合理化：前者是所谓文化的合理化；后者是所谓科层制的社会规则合理化。由此可见，韦伯相信，从在这两个层次上出现的合理性的显著提高的角度能说明人类从近代向现代的转化。

具体来说，韦伯正是借助合理性这一类型概念分析人们的行为、价值和社会结构，从而推导出理性资本主义政治法律结构产生的结论。如前所述，在韦伯看来，对人们的行为而言，在传统社会，对行为的诸组成要素（即手段、目的、价值及结果）的自律控制力极其有限，而到了近代社会，其自律控制力得到显著提高，意味着行为的合理性也得到提高。所以，韦伯在分析了目的合理行为、价值合理行为、情感行为以及传统行为以后，明确指出,在近代社会,目的合理行为成为最具支配性的行为类型,尤其是在现实上它被具体化为理性经济体系和科层制体系。作为结果,合理性导致了资本主义经济和近代国家政治法律体制的出现。

当然,韦伯在以合理性说明了近、现代政治法律体制诞生的同时,也提醒人们要看到作为合理化结果的近代文明所隐含着的负面影响,即自我破坏的潜力。应该说,韦伯一定程度上比较准确地指出了理性化给近、现代社会带来的危机因素,但是,通过合理性理论系统的反思现代社会,并试图解决现代危机,则是由哈贝马斯系统论证的。

2. 哈贝马斯的合理性理论是反思现代社会、解决现代社会危机的产物

哈贝马斯认为,作为晚期资本主义社会的现代社会所面临的危机,简略地说是由工具合理性(或目的合理性)所造成的"生活世界被体系殖民化"。现代国家一般不依靠社会成员的共识,而依赖于作为体系整合机制的金钱和权力,不仅如此,在确保国家干预的正当性的过程中出现了形式民主主义,从而造成生活世界更为殖民化。他认为,生活世界的殖民化现象破坏了生活世界的象征性领域,而且阻碍并扭曲了社会成员之间的合理交往及其实践,终于在文化、社会、个性体系整个范围内造成种种病态现象,造成了现代社会方方面面的合理性危机。

哈贝马斯认为,造成现代社会合理性危机的原因在于:资本主义进入福利国家时代以来,并没有遵循马克思所预言的途径,也没有遵循韦伯所设想的理性逻辑,而是通过政府借助法律对经济、社会的积极干预,通过科学和技术的发展进行社会

整合。这虽然在一定程度上缓解了危机，但是，现代社会法律的合法性问题仍然没有真正得到解决，不论是早期的形式法，还是后来的福利法，都不是真正的具有合理性的合法之法。正是这种缺乏真正合理性的不合法之法导致了经济系统和行政系统对"生活世界的殖民化"，也就是，在整个社会关系上导致了功利主义的策略行为对人们理性沟通行为的排斥，在价值取向上导致了目的理性对沟通理性的压制，所有这一切导致了现代社会系统脱离了原本的生活世界的基础，导致了社会中不能产生合法的规范，也就是由合理性危机产生了合法化危机。

那么，如何才能解决现代社会的危机呢？哈贝马斯认为，克服危机的关键，是通过阻挡体系的侵入重建生活世界。他首先通过他的行为理论强调人的行为的"实践"意义。他主张，人类为获取成就而进行的行为（即工具行为和战略性行为）是与有效地利用客观世界相关的行为，而为理解所进行的行为（即交往行为）则是基于互相理解和共识能主动地构成客观世界的实践行为。换言之，依他看来，交往行为领域就是我们为解决问题可以依赖的实践性领域。解决问题，当然只是靠我们的实践才有可能。

这里的问题是：为了解决问题，实践合理性怎样能够得到保证？换句话说，什么样的行为会带来合理的结果？引起合理结果的行为究竟是根据何种标准进行判别的？对于这一针对性的考问，哈贝马斯不仅继续沿着韦伯给定的理性思路，而且发展了韦伯的思路，表现在哈贝马斯提出了交往合理性的概念来论证上述问题。哈贝马斯认为，在交往结构里面，可以找到普遍合理的价值判断的可能性。换言之，作为解决问题的前提的真正的意见一致,是通过合理的交往才可能实现的。哈贝马斯指出,生活世界原来是现象学的概念,生活世界是人们日常生活的展示,它的运作媒介不是金钱和权力,而是人与人之间沟通时所使用的语言符号。生活世界是人类沟通行为的背景和基础,而沟通行为则可以被理解为对生活世界的表述。在此基础上,哈贝马斯提出"共识真理论"。他指出,知识的真理性通过话语过程(即交往)就可以判别,不必要受外在和内在的任何压力的制约,只要排除扭曲交往的任何因素,即只要参与者互相都满足可领会性、真实性、真诚性、正确性等四个有效性要求,就能保证交往合理性,即在生活世界里,人们在互为主体的基础上进行交往、互动、对话和沟通,寻求彼此的互相承认和理解,在这个基础上,参与者能够通过合理的交往达成真正的意见一致,从而获得解决现代性危机的途径。

(二)韦伯工具理性与哈贝马斯交往理性的假设前提不同

对于哈贝马斯与韦伯合理性理论最简洁的区分概括是:韦伯是工具理性,而哈贝马斯是交往理性。

前面已经对韦伯的工具理性有所阐释,这里不再赘述。在论证韦伯和哈贝马斯理性的假设前提之前,首先交代一下哈贝马斯的交往理性。哈贝马斯在1981年出版的《交往行动理论》一书中,区分了四个世界和四种行动,并论述了它们之间的关联以及每种行动的不同有效性要求。通过对"世界"这个概念的反思,哈贝马斯认为"世界"不能被视为一个无所不包的单质整体,而是一个具有多个领域的"分散"化存在,因而世界可区分成四个领域,即客观世界、社会世界、主观世界和生活世界。其中,生活世界是客观世界、社会世界和主观世界成为可能的前提条件。同时,哈贝马斯还把人的社会行为分为四种,即目的行为、规范调节行为、戏剧行为和交往行为。其中,"目的行为"就是运用一定手段达到自己目的的行为,其行为的目的是个人投入产出的最大化。根据行为的相关对象是客体(物)还是主体(人),目的行为又可分为"工具行为"和"策略行为"。工具行为旨在影响一个客体(物),策略行为旨在影响一个主体(人)。目的行为的中心范畴是"行为计划";"规范调节行为"是一个社会集团的成员以共同价值观为取向的行为,"遵守规范"是其范畴;"戏剧行为"是一种互动行为,在这种行为中,每一个人既作为演员参与到行为中,又作为他人行为的观众观看他人的表演,其核心范畴是"自我表演";"交往行为"则是主体间通过符号协调的互动,它以语言为媒介,通过对话达到人与人之间的相互理解和一致。交往行为的核心范畴是"相互理解"。通过目的行为,角色与客观世界发生关系,因此目的行为的有效性要求是真实性;通过规范调节行动,角色与社会世界发生关系,因此调节行为的有效性要求是正当性;通过戏剧行为,角色与主观世界发生关系,因此戏剧行为的有效性要求是真诚性;与所有这些行为不同,交往行为的重点是通过对话达到人与人之间的相互理解和一致,因此其有效性要求是可领会性。交往行为并不直接与客观世界、社会世界或主观世界发生关系,而是以整个"生活世界"为背景,反思地或间接地把角色与客观世界、社会世界或主观世界联系起来,因此,交往行为与真实性、正当性和真诚性要求都有可能发生关联,它同时要求真实性、正当性和真诚性。与四种社会行为的有效性要求相对应,存在四种理性。与真实性要求相对应的是理论理性,与正当性要求相对应的是实践理性,与真诚性要求相对应的是美学理性,而与交往行为可领会性要求相对应的就是交往理性,哈贝马斯更愿称之为"交往合理性"。在这四种社会行为中,交往行为是一种最重要的行动模式,是其他行为的基础,正是交往行为使其他一切行动成为可能。在交往行为中,所有人能够平等地参与对话、自由地证明自己的观点,是一种没有强制的相互协商,并最终达成共识。体现于交往行为中的交往理性则是其他所有次一级理性的基础。

现在回到韦伯和哈贝马斯的理性前提问题。哈贝马斯和韦伯都是从文化合理性和社会合理性来建构其合理性理论的,但他们各自理论建构的前提是不一样的。韦伯的文化合理性立足于经验世界和超验世界的二元对立,而哈贝马斯的文化合理性(生活世界合理性)是建立在经验世界的个人互动基础上的①。

1. 韦伯工具理性的假设前提是超验世界和经验世界的对立

韦伯在建构其合理性理论框架的时候,首先面临的是如何解决近代理性同宗教和近代伦理的关系问题,因此,韦伯的工具理性必须关注以宗教和伦理为内容的文化合理性问题。韦伯认为,文化合理性表现为宗教的合理性和伦理的合理性,宗教伦理涉及的是超验世界和经验世界的关系,基督教的信念伦理和责任理论都设置了超验世界和经验世界的对立,因此,韦伯便将超验世界和经验世界的对立作为其工具理性的假设前提。

---

① 参见陆自荣、李向平:《哈贝马斯与韦伯合理性化理论之比较》,载《中国青年政治学院学报》2004 年第 2 期。

韦伯认为,加尔文的预定论是导致新教伦理合理性的关键。预定论的逻辑就是承认存在一个超验的上帝,但在经验上这个上帝已经不存在了,取而代之的是一个超验的存在,是人类理解力即理性的存在。如何将二者嫁接起来,韦伯通过祛魅化的论证,由超验和经验二元对立的世界观得出经验世界从属于超验世界,经验的价值从属于超验的价值,在基督教那里,就是世俗的一切都是为了上帝的荣耀。这种价值观进一步转化为清教徒行为的价值取向、成为清教徒的生活指导原则,而这种价值取向、生活指导原则又导致了清教徒行为按照普遍的形式进行,即导致了社会的形式合理化,形式主义的伦理(责任理论)、形式主义的法律及理性的簿记核算的市场经济体制。这样,韦伯通过超验与经验的对立,为现实的工具理性找到了立论根据。

2. 哈贝马斯交往理性的假设前提是系统和生活世界的对立

哈贝马斯认为,现代社会的主要表征是系统与生活世界的对立。首先,现代社会的系统十分发达,人类生活的很大部分完全受控于系统。这是由于人类近代以来的理性追求,导致了一系列复杂的、逻辑的、自主的系统的出现,所以,系统的出现既是社会演化的客观结果,也是人类理性的产物。在现代社会大系统中,主要有两个:一个是经济系统,即市场经济系统;二是政治系统,即国家、官僚、行政、法律体系。哈贝马斯进一步指出,这两个系统有其各自的操控媒介,经济系统的操控媒介是金钱,政治系统的操控媒介是权力,系统的存在有其正面的功能和价值,如维持社会秩序和促进效益。但是,随着现代社会的推进,系统存在的根本问题逐渐暴露出来,这就是系统的运作是以某种非人化、甚至是非人道主义的逻辑为依归的,它并不是以一般人的意愿为转移;系统协调、整合人们的行为,并非是通过沟通和理解,而是通过金钱和权力等系统操控媒介,所以,在现代系统的运作过程中,实际上人类的理性依据仍然是韦伯所强调的工具理性,而不是理想状态的沟通理性。

哈贝马斯指出,依据韦伯工具理性建立的现代系统与人们的现实生活世界是存在很大差距的。也就是,现代系统与人们的生活世界显然出现了巨大的鸿沟。当然,无论系统领域还是生活世界都是属于经验世界的两个领域,因此系统和生活世界的对立也是经验世界的两个领域的对立。在哈贝马斯那里,文化合理化和社会合理化也是对立统一的。文化合理化即生活世界的合理化是社会下属系统(经济系统和政治系统)合理化的前提。但随着社会的发展,系统越来越脱离于生活世界,最终导致系统对生活世界的殖民。

系统作为物质再生产的领域,在现代资本主义科学技术高度发达的情况下,趋向于极度膨胀,它借助于行动后果的功能的相互联结来运行,并且避开了个体行动的行动定向;生活世界则是某种前逻辑性、前科技性、前工具性的本体论世界,主要关涉于文化再生、社会整合、社会化,它借助于交往行为来发生并依赖于社会中个体的行动定向。正是由于它们的不平衡发展,导致了现代社会中理性启蒙的被动局面。在现实社会中,生活世界和系统的合理化过程是相互联系的,而且正是由于生活世界的合理化,才促成了今日之西方社会的政治、法律、经济的成就。但是,从生活世界中解放出来的系统逐渐地与生活世界相脱节,使生活世界之交往越来越受制于系统整合的命令,系统整合所操纵的权力、金钱等媒介取代了生活世界的语言媒介的地位,甚至取代了原属于生活世界的沟通整合功能,这种系统对生活世界的侵入最终造成了生活世界的殖民化,表现出意义的丧失、反常以及心理的失调等现代社会病症。为了避免生活世界造成控制和侵犯以及由此而引出的生活世界的非理性的种种后果,就必须使系统重新定位于生活世界之中,再服务于生活世界。

哈贝马斯的交往理性就是要解救生活世界的殖民化。他认为,现代社会虽然由于系统和生活世界发展的不平衡,导致了系统对生活世界的殖民,但由于生活世界和系统都属于经验世界,因此,在经验世界之内可以解决文化合理化

哈贝马斯就他的交往理性与
韦伯的目的理性问题
发表演讲

和社会合理化的不对称发展,重新实现二者的平衡发展。交往理性的提出就是为了解决这一问题,在哈贝马斯看来,交往理性能够为人们提供统一的价值,从而解决现实世界的现代性危机。

（三）韦伯与哈贝马斯的理性理论各自追求不同

1.韦伯理性理论的逻辑普遍性

韦伯认为,理性有多种,如价值理性、工具理性(目的合理性)、形式理性、实质理性等。不同的理性追求是不一样的。价值理性追求的是道德信条,工具理性追求的是最大化效率,形式理性追求的是普遍形式,实质理性追求的是实质正义。虽然不同理性追求不一样,但韦伯认为现代西方社会理性化是向工

具理性和形式理性方向进行的。其合理性理论是为了寻找分析现代社会的理想型工具,这一工具正是工具理性和形式理性。因此,韦伯合理性理论中的理性主要所指是工具理性和形式理性。工具理性是以最精确和最有效率的手段去解决问题,这种手段只有靠逻辑普遍性来保证;形式理性更是追求逻辑化的普遍形式。所以,从韦伯的合理性理论是为了建构分析现代社会的类型工具来看,其合理性理论的理性追求是逻辑普遍性。

韦伯理性理论的逻辑普遍性特点的形成是有其内在依据的。韦伯从意识哲学的角度来建构其合理性理论,其理性必定追求逻辑普遍性。我们知道,意识是从逻辑的普遍性的角度来解决问题的,意识离不开逻辑,其自身就是逻辑的产物。在意识哲学中,客观世界是一个逻辑的世界,社会世界和自然世界一样都是客观世界,主观世界是对客观世界的反映,因此,主观世界也是一个逻辑的世界。

韦伯理性理论的逻辑普遍性特点直接影响了韦伯思考问题的角度。具体说,工具理性、形式理性对逻辑普遍性的追求导致了韦伯更加关注个体主体意识的合理性。在韦伯看来,目的合理性行动是为了实现行动者的目的、意图。行动者的目的、意图对行动来说是行动的意义所在。韦伯把意义看做是行动和行为相区别的标志,意义是行动者赋予行动之上的,此时的行动者是单个的行动者。单个的行动者和目的合理性追求逻辑的普遍性是一致的,单个的行动者使逻辑主体非常明确。每个人都对自己的行为负责,因此,在韦伯那里,责任划分的要求是明确的,韦伯在其资本主义精神等理论中反复强调的就是责任伦理原则。

2. 哈贝马斯交往理性理论的共识有效性

与韦伯不同,哈贝马斯交往理性强调的重点在于:建立在交往理性基础上的人类交往行为,其最重要之处在于它的非工具性、非目的性和非策略性。换言之,哈贝马斯的交往理性并不是像韦伯工具理性强调的那样以"成功"为取向,即哈贝马斯交往理性强调的不是为了成功地实现某种外在的目标,而是以"理解"为取向的。哈贝马斯认为,纯粹的交往理性没有任何外在的目标(如为了拼命赚钱或者替自己谋取某种利益),交往理性的意义在于它的前提是人与人之间的相互尊重和承认,当人们尝试着了解对方的观点或者尝试说服对方接受自己的观点,其本身就蕴含着对对方作为主体的尊重和承认,因此,交往理性是人与人之间相互尊重和承认的体现,当一群人通过理性的商谈和讨论去相互理解、协调行动、解决问题或者处理冲突时,这就是交往理性在发挥作用,如果一定要为交往理性确定目标的话,那么,达成共识或者说共识有效性则是交往理性的真正本质。

基于上述思路,哈贝马斯提出了他的"真理共识论"。他认为,在现代社会,人们通过理性讨论而达成的共识就是真理,真理并不是绝对的和永恒的,而是相对于当时的历史和社会语境的。这种真理在现代乃至后现代仍然是建立政治法律制度的基础,它也仍然是建立在人类理性基础上的,只不过这种理性与韦伯理解的理性是不同的,即它不应该被称为主体性的,而是相互主体性的,真理不是存在于孤独的个人心中,而是存在于人与人之间的互动、交往、对话达成的共识之中。

　　哈贝马斯进一步推论,真理共识论决定了交往理性追求的并非逻辑的普遍性而是实践的有效性。

　　有效性主张(validity claim)是哈贝马斯交往理性的核心概念。在哈贝马斯那里,有效性主张不是个人意志的偶然表达,而是主体同相应世界建立合理关系的必然要求。哈贝马斯认识到,交往行为的任何人,如果他想使交往成功的话,在施行任何以达成理解为基本取向的交往行为中必须提出普遍的、有交流能力的言语者自觉地遵守的基本预设——有效性主张。具体讲,这些有效性主张是:其一,表达的可理解性,即讲话者必须选择一个可理解的表达,以便讲话者能够与听者从语言结构中获得正确的理解;其二,命题的真理性,即讲话者提供的陈述必须是真实的,以便听者能够分享讲话者的知识;其三,意向的真诚性,即讲话者表达自身的意向必须是真诚的,必须满足以导致听者对讲话者的信任;其四,言说的适当性,即讲话者选用的言说必须是适当的,应当符合公认的言说交流背景从而使听者认可。这些有效性主张作为每次交往行为的背景知识,只有在预设并满足它们时,交往行为才能得以持续。

　　哈贝马斯的交往理性对共识有效性的追求,导致了其理性理论同韦伯工具理性基础之上的理性理论的不同特征:

　　其一,哈贝马斯交往理性追求的是共识有效性,共识是主体间的共识,只有两个或多个主体之间进行互动,才能达成共识,因此,交往理性行为强调行动者之间的合作,强调行动者之间的关系协调。在此,哈贝马斯交往理性行为不同于韦伯的工具理性(目的合理性)行为。韦伯工具理性行为是为了达到行动者的目的,实现行动者的意图;哈贝马斯交往理性行为是为了主体间的理解、沟通、达成共识。

其二,哈贝马斯交往理性追求共识有效性,其假设的社会世界和自然世界不同。自然世界具有的逻辑是客观逻辑,人面对自然世界是主体性逻辑,是工具性的操作性活动;而社会世界是主体间世界,社会世界的逻辑是主体间逻辑,是语言中介的主体间的实践活动。人们对自然世界可以预测、计算,对自然世界的认识是客观真理;人们在社会世界中只有互动、沟通、理解,对社会世界的认识是共识真理。这样,哈贝马斯共识真理克服了韦伯理论中仅仅是逻辑论证的偏见。韦伯的理性理论一直坚持命题的真理性这个单一论域。哈贝马斯的交往理性不仅包含了命题的真理性,而且包括表述的适当性和交往的真诚性。交往理性的多论域性就要求有更多的话语,从而有效地克服了单一话语所导致的极端性和统治性,既避免了系统和工具理性的过分膨胀,又为主体的互动交流提供了鲜活的语境基础。不仅如此,哈贝马斯交往理性的有效性要求不同于韦伯的普遍逻辑要求,它不是以意识哲学的超验性(先验性)为准则,而是与经验不可分的,是以经验为基础的。因此,哈贝马斯不仅在解决合理性问题上不同于韦伯,而且,在解决合法性问题上,哈贝马斯把经验实用主义和形式实用主义有机结合的思路与韦伯纯粹形式合理性法的思路也不完全一样,这从下面的叙述中可以得到很好的说明。

(四)韦伯的形式合理性法与哈贝马斯的程序主义法律范式

1.韦伯合法性理论的指向是形式合理性法

在本书前面关于韦伯法律类型理论的研究中,我们已经明确,韦伯根据法的形式标准和理性标准将法律划分为形式非理性法律、实质非理性法律、实质合理性法律和形式合理性法律。在这四种法律类型当中,韦伯真正推崇的是形式合理性法律,它是现代西方所特有的法律类型,也是法理型统治的基础,只有在这种形式合理性法律统治下的社会才能称为"法治社会"。这也就是说,在韦伯那里,他非常关注法的合理性和合法性问题,合理性是合法性的前提。反过来说,合法性必须指向合理性,而且,更为重要的是,在现代社会,合法性指向的合理性必须是形式合理性,所以,韦伯合法性理论的根本归结点和最终指向就是他反复强调的形式合理性法。

韦伯合法性理论的指向是形式合理性法,而且他所说的形式合理性法律主要是指来源于罗马法中的形式主义审判原则的法律体系,在韦伯看来,只有严格遵从形式合理性的从罗马法发展而来的法律体系才是最具合法性的法律,因为只有这种法律类型才最具有纯粹的法的形式性。所以,韦伯的所有理论在社会法学上则是以形式法律或者形式合理性法的面目出现和归结的。

稍微展开一下来说,韦伯推崇和追求的是自古罗马的形式主义原则中发展而来的理性法律,这种法律的主要特征是法律及其程序的理性化,其主要表现是:第一,作为法律内容的个人的权利和义务必须由法规支配,这种法规是由某种普遍的并能被证实的原则决定。如果只追求"实质法律"的价值合理,而不遵守合法的秩序,在司法上即使作出裁决也是非理性的;第二,法律必须是体系化的。这也就是说,法律的构成方式必须是逻辑清晰的、内在一贯的,至少在理论上是非常严密的、自洽的法规体系;第三,具备抽象阐释意义的法律分析方法。韦伯这里的意思是指只有通过逻辑分析、解释的法律概念,才能成为体系化形式中的法律规范。总之,韦伯所说的合法性必须或者只能是形式合理性。

现在的问题是,韦伯合法性理论的指向是形式合理性法,那么,如何看待近代以来西方另一法律渊源的英国法的合法性问题,即如何看待英国法的形式合理性与合法性的关系问题?韦伯的判断是:英国法显然是具有合法性的法律,但是,英国法的形式合理性与由罗马法发展而来的法律体系显然又是有差别的,用韦伯的语言来说,英国法的理性化程度不仅难以同查士丁尼时代的晚期罗马法相比,而且难以同欧洲大陆通过罗马法的继承发展起来的法律体系相比。但问题在于,英国法较低的理性化程度似乎并未妨碍,甚至在某种意义上还有助于英国近代资本主义的发展。这其中的原因到底是什么呢?韦伯在《经济与社会》中,进行了深入的分析。

韦伯认为,与罗马法传统相比,英国法在许多方面表现出"非理性"的特征,英国的判例法,既没有在法律推理过程中严格遵守三段论式的演绎理性,也没有实现"将所有可以设想到的事实情境都在逻辑上纳入无缺陷的规则系统"的系统化目标,因此,英国法并没有实现"逻辑升华"意义上的理性化,只不过是采用一系列的关联方法,一种法律的"决疑术"而已。但是,这并不能因此就否认英国法在另一些方面具有的高度理性化,特别是在法律技术的形式性方面。韦伯指出,英国早在中世纪就在法律技术的形式性方面高度发展,因此,英国自中世纪发展起来的普通法具有严格的形式主义特征,因此,英国法虽然并未形成真正的"逻辑的形式理性",但是,英国普通法形成了一种外在的、严格的形式主义。这也就是说,英国法的形式性大大弥补了它的理性化程度不足的缺陷,英国法仍然具有形式合理性,这仍然符合纯粹合法性的思路。

2. 哈贝马斯合法性理论与程序主义法律范式

在解决合法性问题上,如果说韦伯是从纯粹形式合理性角度追求合法性,那么,哈贝马斯则是在继承韦伯思路的基础上,进一步将形式合理性的思路向前推进了。表现在:在解决合法性问题上,哈贝马斯把经验实用主义和形式实用主义有机地结合了起来,从而不仅巧妙地强化了程序主义法律范式在解决合法性问题上的价值和功用,而且哈贝马斯成功地将程序主义论证为他所谓共识有效性的合法基础。

(1)哈贝马斯的所谓现代合法性含义

一般认为,哈贝马斯在 1992 年出版的《事实与有效性》这部法哲学巨著,其核心是要解决现代社会中法律的合法性问题。①

在《事实与有效性》这部著作中,哈贝马斯指出,就法律而言,有两种合法性,一是"合法律性"(legality),这是指法律的合法性来自于自身或者源于被接受的事实,无需任何根基,这种意义上的合法性大致与韦伯的"形式合理性法"相同;二是被哈贝马斯称道的"合法性"(legitimacy),在这种意义上,合法性不仅决定于法律存在的形式,而且还取决于规则产生的方式,也就是说,合法性不是着眼于决定论意义上的法律规则本身,而

---

① 参见任岳鹏:《法兰克福学派的代表—哈贝马斯的法律思想》,载吕世伦主编:《西方法律思潮源流论》,中国人民大学出版社 2008 年版,第 530～533 页。

是更着眼于产生法律规则的程序。

在此基础上,哈贝马斯认为,法律的纯粹事实性和它对合法性的要求之间是存在着一定的"张力"的,这种张力是在现代社会走向世俗化的过程中形成的。在传统社会中,由于宗教权威的存在,事实性和规范有效性融合为一;现代社会则不同,现代社会是一个高度分化的社会,法律时而仅被当做手段,时而也被当做目的。基于这样的背景,哈贝马斯认为,应该把法律定位于"事实与有效性之间",才能把法律的事实性和规范有效性重新统一起来。

哈贝马斯指出,作为整合社会的媒介之一,法律首先是一种现实力量,一种强制手段,法律是依靠它的强制力量来使人们服从的,这是一个事实,或者说这是法律的事实性。但是,法律仅仅凭借其强制力迫使人们服从是不行的,它必须同时得到人们认可,即这种服从必须是自愿的。一种规范,仅仅在表面上合乎法律的要求是不够的,除此之外,它还必须拥有合法性,合法性是使人们自愿接受法律约束的绝对必要条件。

那么,现代社会法律的合法性从何而来呢?哈贝马斯认为,现代社会法律的合法性已经远远超越韦伯时代仅仅是形式合理性的阶段,在现代社会,合法性的依据必须从其交往行为理论(或称商谈理论)中去寻找,也就是:"在后形而上学世界观的条件下,只有那些产生于权利平等之公民的商谈性意见形成和意志形成过程的法律,才是具有合法性的法律。"①

---

① 〔德〕哈贝马斯:《在事实与规范之间——关于法律和民主法治国的商谈理论》,生活·读书·新知三联书店2003年版,第507页。

具体说,哈贝马斯所说的法律的合法性包含两个要求:第一,每一位公民都是法律的接受者和立法者,作为立法者,每一个人都是自由的和平等的;第二,法律的合法性来自于所有当事人的同意,来自于所有公民的共识,而这种同意和共识则产生于民主的过程。法律应该在生活世界中的人们的相互商讨中产生,应该根植于生活世界的秩序中,需要从生活世界中获得其合法性的力量。

哈贝马斯的结论就是:社会成员之所以受到法律的约束(即法律具有效力),既不是因为法律的内容符合自然法、理性法或道德的标准,也不单纯是因为事实上的强制力或社会系统功能,而是因为法律通过运用理性商谈的立法与法律适用过程而具有合法性。也就是说,只有社会成员能够同时视自己为立法者和法律的实施对象,并在商谈的基础上一致接受该规范,法律才能同时具有事实性和有效性,此时的法律才能真正称为具有合法性。

(2)哈贝马斯现代合法性为什么必须与程序主义法律范式相结合?

哈贝马斯指出,现代西方社会存在着两种主流的法律范式,一种是古典"资产阶级形式法"范式,另一种是"社会福利国家实质法"范式。前者又叫自由主义法律范式,其典型形态存在于早期资本主义即自由资本主义社会中,后者则存在于发达的资本主义社会。

哈贝马斯认为,自由主义形式法律范式的特点是:其一,它以个人主义为基础,从古典经济学的"理性人"预设出发,将所有个人都置于法律面前人人平等的前提下。这种平等对于传统特权来说是一个历史性的进步,但是,它强调的合法性仅仅是形式上的平等;其二,享有主观权利的个人受到客观法的绝对保护,法律赋予个人以近乎绝对的财产权、缔约自由权等;其三,这种形式合法性的基础是市民社会与国家的二元对立,前者由私法调整,后者由公法调整,全部法律的目的在于防范和抵制政府或者公权力对于私权利的干预,国家只是扮演守夜人的角色。

哈贝马斯认为,自由主义形式法律范式在19世纪一直占据主宰地位,它以"最小政府"的口号提倡个人自由、法律面前人人平等等,对法治社会的形成作出了积极的贡献。但自由主义范式的消极后果也是十分明显的。哈贝马斯指出,这种自由主义形式法律范式缺陷有三:一是从孤立的个人出发,放纵了个人的目的理性行为,从而加剧了人际冲突而不是有助于主体之间的交往合作;二是突出了形式平等,而对事实的平等视而不见;三是忽略了消极自由背后所隐含的弊端,促使一些弱势人群由于缺乏竞争力而无法获得基本的自由条件。

为了克服自由主义范式的负面效应,20世纪成为了"社会福利范式"的世纪。在这种范式的支配下,国家职能得以扩大,社会矛盾得以缓解。然而,国家职能的扩大又带来了一系列新的问题,例如生产效率的降低、官僚主义的盛行等现象。特别是政府权力的扩张和膨胀,这转而限制和压缩了个人的自主空间,所以,福利立法的实施导致了一个悖论,它的本意在于保障个人自由,但却侵犯了个人自由,它的初衷是确保私人领域自主,但却妨碍了私人生活,即"它把本意是利用自由的授权,转变成了看管"①。这说明社会福利法律范式虽然旨在超越自由主义形式法律范式,但是,其结果却与形式法律范式完全重合。因此,社会福利法律范式仍然存在着巨大的缺陷。

面对自由主义形式法律范式和社会福利法律范式的困境,人们提出了不同解决办法。有些人认为,目前的困境是国家干预不可避免的后果,解决之道在于回归自由放任时期的形式法律范式。另一些人则认为,应该以形式法律范式为主,以福利法律范式为辅,两者同时并存。还有一些人认为,这些困境是现代性困境的产物,没有摆脱困境的出路。对此,哈贝马斯认为,回归过去已不可能,默认现状无异于逃避现实,而悲观失望更无助于问题的解决。因此,要从根本上摆脱目前的困境,必须寻找到一种新的思路。这种新的思路在于寻求确保合法性生成的途径,这就要求在方法论上必须从主体之间互动的角度出发,而不是从孤立的个人的角度出发,必须从公民自己参与立法的程序合法性出发寻找解决问题的办法。

哈贝马斯认为,在寻求新的解决问题思路的过程中,并不是完全否认自由主义形式法律范式和社会福利法律范式的价值,他认为,无论是形式法范式还是福利法范式,其意旨均在于保护个人自由,只不过二者采用的立场、观点、方式和手段导致了个人自由的不能实现。在哈贝马斯看来,个人自由(私人自主)和公共意志(公共自主)具有同样的实在性,每一方都是不可取消、不可化约的。寻找新思路只是为了克服上述两种法律

---

① [德]哈贝马斯:《在事实与规范之间——关于法律和民主法治国的商谈理论》,生活·读书·新知三联书店 2003 年版,第 516 页。

范式各自的局限性,解决两大法律范式中存在的法的合法性问题,实现法的事实性与法的有效性之间的有机统一,为此,哈贝马斯提出了一种新的法律范式,即"程序主义"的法律范式。

哈贝马斯指出:"一种法律秩序之为合法的程度,确实取决于它在多大程度上确保其公民的私人自主和政治公民自主这两种同源的地位;但与此同时,它之所以具有合法性,也是归功于交往的形式——只有通过这种形式,这两种自主才得以表达和捍卫,这是一种程序主义法律观的关键。在私人自主的形式法保障被证明为不充分后,在通过法律进行的社会导控同时危害了它本来要恢复的私人自主之后,唯一的出路是重视那些同时保障私人自主和公共自主之形成条件的交往形式,研究它们之间的相互关联。"[①]

具体说来,"程序主义"法律范式包括两方面的内容:一是非建制化的意见与意志形成过程。哈贝马斯认为,私人自主与公共领域自主两者之间互为条件,并且"私人行动主体和国家行动主体的主动性空间之间不再是一种零和博弈,取而代之的,是生活世界的私人领域和公共领域这一方面和政治系统这另一方面之间的多多少少未受扭曲的交往形式"[②]。而这一交往形式就是非正式的、非建制化的意见形成和意志形成过程。也就是说,坚持把所有有关的人在参加了合理的论证之后的同意作为普遍程序的条件,而不是以某个特殊的利益集团或伦理

---

① ［德］哈贝马斯:《在事实与规范之间——关于法律和民主法治国的商谈理论》,生活·读书·新知三联书店 2003 年版,第 508 页。

② ［德］哈贝马斯:《在事实与规范之间——关于法律和民主法治国的商谈理论》,生活·读书·新知三联书店 2003 年版,第 508 页。

共同体的标准作为法律的基础。二是建制化的意见形成和意志形成过程。通过合法之法对论证意见的形成和意志的形成过程的程序与交往进行建制化,合法立法过程成为可能。法律建制化的人民主权与非建制化的人民主权的普遍结合和互为中介构成了法律程序主义的核心。法律的强制性与合法性之间的裂缝也因而在程序主义的法律范式中得以弥合。

特别需要指出的是,哈贝马斯在这里所说的"程序",不是指执法的程序,即不是与"实体法"相对的"程序法"意义上的程序,甚至也不是立法程序,而是他的"对话理论"中的程序。在法哲学和政治哲学中,这一程序本身是与民主过程联系在一起的。哈贝马斯法哲学和政治哲学中的程序主义,实际上是商谈层次上的"程序"。它涉及生活世界中的交往行为,因此比立法程序更基本。如果说立法程序只是体现了传统的民主理论,那么,哈贝马斯实际上是想把整个生活世界民主化。

为了落实整个生活世界的民主化、程序化,哈贝马斯提出了他所谓的"理想言谈情境"的理论。其主要内容是:在现代法治社会,所有的人都有资格参与同自己有关事务的讨论;在讨论中所有的人在法律地位上是平等的;参与者就讨论的议题自由表达自己的意见,不受任何外在限制;最受重视的是那些令人信服的理由而不是别的东西。这种程序化的商谈包括许多种类,就商谈内容而言,有实用商谈、伦理商谈、政治商谈、道德商谈、法律商谈等;就商谈形式而言,有论辩性商谈和运用性商谈。通过交往理性,商谈所追求的理想目标是达成共识。

由此可见,哈贝马斯的"程序主义"法律范式是在更高的反思层面对形式主义和福利主义范式的扬弃,它以"交往理性"为立足点,以对话理解、协商共识为核心,以一个自由的、怀疑的、信息灵通的社会为守护神,它充满了对现实社会的民主、正义的关注。它要求政治民主和法律民主在程序上是公开和公正的,要求程序为交往行为和主体间的沟通理解提供对称条件和交互期待,使所有的人都有平等参与的权利,都享有同等对称的话语自由和论证表达。只有这样,程序主义法律范式与合法性才能真正称为有机地结合起来。

总之,如同韦伯一样,哈贝马斯在解决现代社会合法性问题上,同样强调理性和规则的重要性。不过,与韦伯不完全一样的是,哈贝马斯根据新的情况,不只是在像韦伯那样强调形式合理性,而是进一步尝试借助程序主义的法律范式来实现现代社会的人际整合,即实现个人与群体的法律整合,私人领域与公共领域的法律整合,生活世界与系统的法律整合,市民社会与政治国家的法律整合,人权与主权的法律整合。一言以蔽之,也就是实现哈贝马斯自己所说的事实与价值的整合。

第十一章　韦伯社会法学
思想研究与韦伯学

　　韦伯是一个思想百科全书式的学术大家,其思想体系涉及到哲学、社会学、宗教学、经济学、政治学、管理学、历史学、法学等多个层面。韦伯社会法学思想作为其整个思想体系的一部分,在其整个思想体系中占有重要地位是不言而喻的。韦伯生前对社会法学思想研究,就像对他自己的整个学术研究那样兢兢业业,谦虚谨慎,并由此赢得了学术界的尊重。不仅如此,韦伯的更伟大之处在于他认为自己超凡的研究并不是学术研究的顶峰,尽管他已经站在了时代的巅峰上,但他鼓励和相信后人超越自己。他说:"在学术工作上,每一次'完满',意思就是新'问题'的提出;学术工作要求被超越,它要求过时。任何有志于献身学术工作的人,都必须接受这项事实——将来总有一天,我们都会被别人超越。这不仅是我们共同的命运,更是我们共同的目标。"①虽然韦伯以学术巨人的谦虚料定自己必然会被超越,但是,由于韦伯思想远远超越于他那个时代的限制,足

————————

　　①　[德]韦伯:《学术作为一种志业》,转引自顾忠华:《韦伯学说》,广西师范大学出版社 2004 年版,第 3 页。本章下面部分内容参考了顾忠华先生《韦伯学说》中的相关资料,后面不再一一特别注释。

以引发后人不断的思考、发扬和阐释，因此，在韦伯之后，形成一个以阐发韦伯思想，包括其社会法学思想为宗旨的"韦伯学"。本书无意全面、系统总结韦伯去世后韦伯学发展的全貌，只是简单梳理一下韦伯学的发展线索。

一、韦伯学的形成和初期发展

韦伯学的形成和初期发展主要是指 1920 年韦伯去世到第二次世界大战结束这段时期，人们通过对韦伯著作诠释所形成的关于韦伯学的基本认识。

如本书第一章所述，韦伯一生著述浩如烟海，但韦伯在世的时候，韦伯的著述大多是以手稿的形式存在，公开出版的作品并不很多。韦伯去世后，他的夫人玛丽安妮·韦伯（Marianne Weber）和温克尔曼（J. Winckelmann）等人着手整理编辑韦伯的作品，这为韦伯学的形成奠定了最初的基础。

随着韦伯著述的大量刊行于世，人们开始从不同角度诠释韦伯，这为韦伯学的形成和初期发展填充了实在的内容。可以说，在 20 世纪二三十年代，德国本土已酝酿出了如何贯穿韦伯各部著作的诠释方向，这就是"理性"或"理性化"的主题，此时已被突显出来了。尽管人们对韦伯"理性"、"理性化"的具体内涵发生争议，但是，韦伯学的早期诠释主旨大致确定了。

具体来说，在韦伯学的形成和初期发展时期，有如下一些学者对韦伯学的早期发展产生了重要影响：

（一）兰德舒特的韦伯学诠释

兰德舒特（S. Landshut）于 1929 年出版了《社会学的批判》一书，他在书中试图诠释韦伯学的含义。他认为，韦伯学应该涉及到韦伯的"研究主题"、理念型方法与韦伯对现代资本主义的考察。兰德舒特提出,韦伯围绕着"理性化"的讨论,在问题意识上和马克思颇为类同,两者都欲针对现代资本主义之性质及其后果加以科学分析,只不过韦伯多一层形式社会学或"价值中立"的保护膜,但韦伯缺乏马克思朝向"改变世界"的终极目的。在确认韦伯的宗教社会学所意图寻找的是和马克思政治经济学相一致的同时,兰德舒特还追溯了韦伯区分"理性"与"非理性"的根源,他的结论是:韦伯自西方现代资本主义的特质中撷取了种种"理性"的表现,而其判断标准归根究底是"可计算性",这既是看透西方人在各个生活层面的理性化结果,也是理解韦伯社会学思想体系或者说诠释韦伯学的一把钥匙。

(二)斯克尔丁的韦伯学诠释

在 20 世纪 30 年代,斯克尔丁(Von Schelting)沿用理性化概念来诠释韦伯学,不过,他进一步作出了自己阐释。斯克尔丁在 1934 年出版的《马克斯·韦伯的科学方法论》一书中极力说明,韦伯的"理性主义"绝非仅仅反映资产阶级和资本主义的社会秩序,在斯克尔丁看来,韦伯的理性主义还具有方法论意义。他认为,韦伯对方法论问题的兴趣除了来自力求逻辑上清晰一致的动机外,还有着"责任伦理的热情"在推动。因为在行动上有意义地朝向责任伦理的可能性,是和行动者获取相关领域的客观有效知识的可能性相辅相成的,基于此,韦伯将责任伦理和诘问有效知识之形式基础的方法论问题联系了起来。而"理性"和"理性化"的意涵则必须从责任伦理的角度切入。

斯克尔丁对他关于韦伯学的这一发现论证到:第一,韦伯从未将行动的"理性"视作有自身价值,而只是行动之责任伦理倾向中必要的一种意义元素。但关于是否采行责任伦理的抉择，并不是理性论证可以决定的，选择本身乃是非理性制约的结果；第二，对行动要求的理性，与历史上实际发生的理性化过程是两回事，我们不能从后者导引出前者；第三，现代社会实际的理性化也不能看成是有自身价值或最终目的，同时不应忽略社会历史现象中各种非理性力量的决定性作用；第四，责任伦理行动意味着一定程度的理性要求，亦即在手段选取上的合理妥当，但并不及于行动目的的领域；第五，韦伯对责任伦理行动的分析，使得"理性化"的要求有其一定的界限，此种要求本身也不是理性足以导引出来的。总之，韦伯在处理行动之"理性"或历史上的"理性化"过程时，经常不断提醒我们，在最现代的生活条件下，我们仍是活在一个终究摆脱不行动和认知上"非理性"因素的世界中。对韦伯最大的误解，便是认为他绝对化了某种"理性"，或将实际进行的理性化趋势看做有崇高价值的目的。

（三）卢卡奇的韦伯学诠释

卢卡奇（Lukacs）在中国法理学界和西方法律思想史学界被公认为是西方马克思主义法学的代表人物，但卢卡奇早年曾经是海德堡"韦伯圈"的常客，他由匈牙利赴德国求学，受到韦伯理论的启发，起初在文艺理论和美学上展现锋芒，但数年

作为西方马克思主义法学的代表人物卢卡奇早年曾经是"韦伯圈"的常客

之后思想发生极大的转变，并于1918年正式加入匈牙利共产党，他在1923年出版的《历史与阶级意识》一书，为他奠定了作

为西方马克思主义理论家的声名。而在此书中,他将韦伯的"理性化"和马克思的"商品拜物教"两个概念结合起来,对韦伯学进行阐释。卢卡奇认为,马克思在分析资本主义社会的基本特质时,选择从"商品"入手,绝非偶然。因为资本主义的生产过程奠基于商品的交换价值,这种制度不只助长各种拜物的行为以客观形式出现,同时也侵入到思想与心灵世界,使得人与人的关系都被看成是物的关系。最后使人这个主体变作了工具,化约为资本主义庞大机器下的一个个零件。卢卡奇逐步探讨物化心灵的现象及其后果,他发现社会关系的"物化"其实便是行动系统"理性化"的另一面。因此,他同意韦伯对资本主义源起力量的描述,但特别强调韦伯所谓的"理性计算"或"形式理性"正是社会生活"物化"的重要线索。在卢卡奇看来,韦伯描述西方文明全面理性化的进展,正好印证人们在资本主义生产模式下,愈来愈倾向以商品交换的形式计算涵盖所有人际沟通与交往,并以牺牲实质理性作为其代价。不过,虽然他视"物化"与"理性化"为同一过程的一体两面,却在论及身处其中的当事者的可能反应时,采取了与韦伯相对的立场。接受了马克思主义洗礼后的卢卡奇,力图摆脱韦伯思想中内含的文化悲观色彩,

卢卡奇的代表作《历史与阶级意识》、
《理性的毁灭》不仅受韦伯影响,
同时开始诠释韦伯学

而宁愿相信通过革命的实践可以打破"物化"的钳制,得到真正

的解放,只是他有意地提升了意识在革命实践中的作用,甚至主张"意识的改变就是革命过程本身",终不免被批评为脱离了辩证唯物论的基准。在他后来为答复这些批评所写的文字中,卢卡奇常不忘提起是受到了韦伯的影响,在哲学上仍残留着唯心主义的倾向。总之,无论如何,卢卡奇以独特的方式会通了马克思与韦伯两人对资本主义社会的诊断,并经由这番诠释开创了西方马克思主义的思想源头。

（四）霍克海默尔和阿多诺的韦伯学诠释

霍克海默尔（M. Horkheimer）和阿多诺（T. Adorno）韦伯学诠释的特点是:将论证焦点集中于对韦伯"工具理性"的批判阐释上。

霍克海默尔在流亡美国期间,于 1946 年刊印了《工具理性批判》一书,随后他又与阿多诺一起在 1947 年合著了《启蒙的辩证》一书。在这两部著作中,他们秉持着传承自卢卡奇的思维路线,进一步指出,韦伯指称的"形式理性"或"目的理性"确实构成了工业社会的文化基础,但韦伯偏好使用"工具理性"一词,以突显这一类型社会行动之工具性格。为了要引申工具理性行动在无限膨胀后所造成的负面效果,霍克海默尔和阿多诺特别指出工业文明面临"意义丧失"与"自由丧失"的严重问题,就意义丧失而言,霍克海默尔和阿多诺推崇韦伯对西方"解除魔咒"过程的考察,他们认为,韦伯对理性化和"祛除巫魅"的考察,打破了神话与迷信建构的意义世界,其结果是文化诸领域各自遵循自主逻辑运作,宗教、科学、艺术与道德分道扬镳。但是,作为理性化的结果,在支配性的工具理性笼罩下,人类理智的适用范围反而日益狭窄化。霍克海默尔和阿多诺力陈现代人的信仰与知识退缩到主观层次,艺术与道德沦落到非理性的地步,只剩下科学基于其应用性还与目的理性维系其关联,但却往往无法幸免于工具倾向的误导误用。而在《启蒙的辩证》中,他们将这种论证方式推到极致,宣称启蒙的目的本来是使人类从恐惧之中解放出来,并建立他们的主权。然而,充分得到启蒙的地球却放射出灾难,走向了自己的反面。

我们看到,霍克海默尔与阿多诺大体上承袭韦伯对现代文明的诊断洞见,另外再融合较激进的批判观点,形成法兰克福学派"文化批判"的特色,这可以看做是他们从韦伯关于"理性化吊轨"的角度诠释韦伯学的一种努力尝试。

总之,从1920年韦伯去世到第二次世界大战结束这段时期,韦伯学得以初步形成和发展,这一时期,韦伯作品中某些重要的课题,如"理性化"概念和"责任伦理"的观点等,已经受到相当的重视。但是,总体来说,这一时期的韦伯学诠释还是比较零散的,并且也缺少系统,因此除了法兰克福学派稍有维持他们对韦伯的诠释传统外,大多数这方面的著作并未带动起进一步探讨韦伯学的风气。尤其在1933年纳粹执政之后,德国学术界的活力受到摧残,大批学者或因具有犹太裔血统而被迫流亡海外,从而,使这一时期的韦伯学诠释受到一定程度的限制。

二、韦伯学说的传播与二次大战后的韦伯学

(一)韦伯学说的传播

二战以后,韦伯的学说在法国、意大利、美国等国家迅速得到传播。

最初为韦伯学说在法国传播作出巨大贡献的首推雷蒙·阿隆(Raymond Aron)。雷蒙·阿隆 1905 年 3 月 14 日出生于巴黎一个中层犹太裔家庭。1924 年到 1928 年间,阿隆在著名的巴黎高等师范学院攻读哲学。该校是巴黎的一所精英学府,他和萨特是同学。学习期间,他对康德哲学产生了浓厚兴趣,他的毕业论文《历史哲学概论》就是以康德哲学作为研究重心。1930 年,阿隆来到德国,在科隆大学教书和学习,1931 至 1933 年间进入柏林大学学习,同时在法语系从事教学。在德国期间,阿隆潜心研究德国哲学和社会学,阅读了马克斯·韦伯、斯梅尔、曼海姆、胡塞尔和舒茨等人的大量著作,对马克思的《资本论》也进行了详细的研究。他承认马克思是社会学的奠基者之一,但他无法接受其观点。对于阿隆来说,韦伯才是最重要的社会学思想家,他立志将韦伯学说介绍到法国,为此,阿隆将大量精力投入到了韦伯学的研究当中,在阿隆潜心撰写的《德国当代社会学家》一书中,有近一半的篇幅是论述韦伯的理论。正是因为如此,学术界有学者形象地称阿隆是韦伯在法国的代言人。

韦伯学说在意大利的传播的关键人物是意大利的安东尼(C. Antoni)。1940 年,安东尼出版《由史学到社会学》一书,在这部书中,尽管安东尼并不同意韦伯方法论和历史社会学的基本构想,甚至认为韦伯留给其时代的讯息只是一片空白,但是,安东尼在书中将韦伯视为德国史学思考向社会科学转折过程中的关键人物,并对韦伯学说作了系统介绍,这为此后的意大利新一辈学者研究韦伯打下了基础。战后以阿本兰诺(N. Abbagnano)为首的"新启蒙"运动便在为韦伯翻案的同时,将社会学的研究取向积极地推广到史学、法学等领域,从而使韦伯学的研究在意大利向纵深发展。

二战以后对韦伯学发扬光大贡献最大的是美国学者帕森斯(Talcott Parsons)。帕森斯 1902 年生于美国,他在早年就读于阿姆斯特学院时开始对社会学感兴趣。1924 年他前往伦敦经济学院从事研究工作,次年,游学于德国海德堡大学,开始接触"韦伯圈"。他虽然无缘与已经去世的韦伯相见,但是,在海德堡期间,韦伯夫人玛丽安妮·韦伯对他的款待,促使他进入了韦伯的思想深处。帕森斯晚年曾说,由于早年间这一偶然的机缘,使他较早接触到了韦伯思想,从此以翻译、诠释韦伯作品为己任,终其一生,他完全有资格以韦伯的继承者自居。

的确,1945 年以后的韦伯学研究,集中反映在翻译出版了韦伯

**帕森斯《社会行动的结构》
一书中文版封面**

的大量论著,并且开始对韦伯论著进行研究,又出版了大量的韦伯研究论著,这些研究论著多半已经能够摆脱文化和政治偏见,集中探讨韦伯学说理论在学术上的贡献。这股风气在英美地区较早成型,其中又以帕森斯扮演的角色最为特殊。一方面他是《基督教伦理与资本主义精神》和《经济与社会》重要篇章的英译本作者,对推广韦伯的学说功不可没;另一方面他所建构的"结构功能论"在二战后大为流行,独领风骚数十年。20 世纪五六十年代的韦伯诠释在此典范下几近乎"定于一尊",直

到 20 世纪 70 年代中期才受到后起者的严重挑战。

（二）1964 年韦伯诞辰百年纪念大会对韦伯学的争议

如前所述，帕森斯曾经以韦伯为师，兼取其他社会学古典理论的精华，进而发展出层次更为分明，逻辑更为严密的理论体系。这套令人炫目的概念架构声称树立了当代社会研究的权威典范，即对古典大师的著作也应该基于"帕森斯式"的思考模式来理解与阐述。二战后，原先存在于德国学术界的韦伯诠释传统大多已经沉寂，而新起的尝试如休兹（A. Schitz）、熊彼特（J. Schumpeter）等人，或因只触及韦伯学说的某一特定方面，或是欠缺足够的深度而未被普遍接受。这就造成了帕森斯的结构功能论典范下的韦伯诠释在欧美等国一枝独秀的现象。虽然在社会学、政治学、哲学和史学的领域中，以各种不同观点从事韦伯研究的努力持续增加，但就其流传的广泛程度来说，深具帕森斯个人色彩的诠释典范无疑地最为突出。这种情形一方面奠定韦伯了在英语读者面前的形象，另一方面却也酝酿出持批判见解的个人与学派起而向帕森斯的韦伯学研究权威进行挑战。1964 年，德国社会学社在海德堡举行纪念韦伯诞辰一百周年学术研讨会，在这次具有重要历史意义的韦伯学术研讨会上，世界著名的韦伯学学者之间就韦伯学的一系列相关问题产生了重大争议。

这次研讨会虽然安排了三篇主要论文作为主题论文，分别是帕森斯的《价值中立与客观性》，阿隆的《韦伯与权力政治》和马尔库塞的《工业化与资本主义》，但是，争议主要是围绕着帕森斯的韦伯学阐释论文展开，可以说，这次会议形成了韦伯学阐释的两大阵营：一是以帕森斯为代表，主持者包括本迪克斯(R. Bendix)、尼尔森(B. Nelson)和孟森(W. Mommsen)等;一是以马尔库塞为代表,支持者包括霍克海默尔、哈贝马斯等。

帕森斯一派对韦伯学的阐释认为,价值中立是韦伯方法论的重点,主张强调"价值中立"的科学态度其实有可能是德国大学用来对抗国家社会主义的最佳防卫武器;但马尔库塞一派认为,不应该机械地、片面地理解韦伯的价值中立。霍克海默尔首先对韦伯想要将价值判断排除在社会科学之外表示强烈的不同意,接着哈贝马斯也针对帕森斯论文的章节一一质疑,同时认为韦伯社会学中的"决策主义元素"并未像帕森斯想象的那样导致意识形态的终结,反而是强化了意识形态。马尔库塞总结说,所谓的价值中立不过是个烟幕,实际上是为帝国主义的权力政治目的服务,他形容韦伯是站在资产阶级的立场上抹黑社会主义,还将资本主义中的非理性曲解为"理性"。尤其是韦伯的理性概念竟然终止于"卡理斯玛",这充分暴露了韦伯思想的意识形态本质。

1964 年韦伯诞辰百年纪念大会对韦伯学的争议,为韦伯学的研究和发展带来了两个后果:一个是韦伯学研究的去帕森斯化;一个是韦伯学研究的世界化。

(三)20 世纪 70 年代去帕森斯化的韦伯学

关于韦伯学研究的去帕森斯化,在 1964 年韦伯诞辰百年纪念大会以后,首先是不少年轻的德国学者开始反省到:由帕森斯和马尔库塞分别代表的韦伯学诠释方向都有着严重的缺憾,一个将韦伯定位于划地自限的纯理论家,另一个却视韦伯为帝国主义的帮凶。两种片面之词事实上都源自于对韦伯的误解,因此,如何更全面地观照韦伯的学术和政治生涯,"还原"

后世加在韦伯身上的扭曲形象，便成为他们努力的目标。这些努力也促成了 20 世纪 70 年代韦伯诠释的"典范转移"。

其次，去帕森斯化的韦伯学研究，在 20 世纪 70 年代的美国更加风起云涌。1972 年，在美国社会学会的年会上，出现了一篇题为《韦伯在美国社会学中的帕森斯化》的论文，其中开始质疑帕森斯的韦伯学研究。到了 1975 年，柯亨（J. Cohen）、哈泽里格（L. E. Hazelrigg）和波培（W. Pope）三人联名在《美国社会学刊》上发表了《去帕森斯化韦伯：对帕森斯就韦伯社会学之诠释的批评》，并且隔不久又再次以一篇《关于韦伯和涂尔干的差别：对帕森斯之融合说的批评》，开始具体、系统地对帕森斯的韦伯学研究提出挑战。柯亨等三人指出，经过详细地对照帕森斯对《经济与社会》第一部分的翻译，他们找到了多处与原典有出入的地方，而这些几乎都集中在有关"规范"的叙述上。也就是说：有时韦伯并未提到规范的角色或甚至否定其重要性，在译本上却出现此名词，或反而宣称规范对行动具有主导作用；有时韦伯刻意强调规范以外的其他因素，译本上却突显规范并贬低其他因素的影响。柯亨等人认为，帕森斯对韦伯著作的翻译瑕疵，必然导致帕森斯的韦伯学研究出现偏差。

柯亨等人指出，帕森斯对韦伯学研究的偏差可以反映在多个方面，其中之一是帕森斯对韦伯宗教社会学的诠释完全扭曲了韦伯的本意，即帕森斯对宗教之价值体系的重视远超过韦伯，事实上，宗教规范在历史上产生过的巨大力量对韦伯而言只是例外的情形，帕森斯倒觉得是一贯如此。事实上，帕森斯自始便从规范的角度来理解韦伯论及"宗教伦理"和"经济伦理"时的意涵，他无视于韦伯所从事的乃是一种历史分析，常常不假思索地将韦伯的论点普遍化,以造成韦伯企图建立有关行动之系统性理论的印象。帕森斯对韦伯的诠释造成了后来人们对韦伯的误解。

柯亨等人对帕森斯关于韦伯学阐释的批评,促使20世纪70年代以后,一些韦伯学的研究者意识到帕森斯并非韦伯的"忠实"诠释者。有些学者甚至认为,帕森斯在有意无意间将韦伯的类型学建构曲解为抽象的理论,帕森斯事实上将韦伯社会学中最重要的历史——比较研究的部分予以虚化,这大大降低了韦伯学的价值。这种情况造成的原因完全是帕森斯出于其结构功能主义社会学建构的要求。对此,罗斯在《社会学的类型学与历史解释》一文中明确指出,系统分析因其抽象的要求,本身即欠缺历史深度;而功能分析则常面临过于"静态"以致无法妥当解释社会变迁的困境。结合了这两者的帕森斯的系统功能分析为了弥补这一缺憾,逐渐转向了演化式的观点,他将历史上的复杂演化呈现为对系统限制的必要产物。帕森斯的这种研究取向和韦伯注重每一历史变迁中实际的原因和过程,进而赋予其类型学意义的基本态度大相径庭。因此,必须重新确立去帕森斯化的韦伯学研究的历史地位。

总体来说,以帕森斯为首的结构功能论在20世纪70年代的地位已大不如前,新兴的理论派别纷纷出头,此时出现的批判帕森斯韦伯诠释的声音,意味着帕森斯一向以为坚固的理论支柱和韦伯学研究模式开始动摇。此后,一些韦伯学研究的重要学者如阿波拉莫斯基(G. Abramowski)、田布洛克(F. Tenbruck)、哈贝马斯(Habermas)、亨尼斯(Hennis)等酝酿的"理性化"诠释典范卷土重来,他们在更高的层次上,以"理性化"为基准作为贯穿诠释韦伯学说的主线,从而修正了帕森斯的结构功能论和现代化理论诠释韦伯学说所隐含的单线演化观点,赋予了韦伯学研究更大的空间。

(四)20 世纪 80 年代以后世界范围内的韦伯复兴

韦伯的思想理论实在是博大精深,韦伯生前的大量著述不仅紧扣他所处时代的脉动,而且,韦伯思想中有一种整体反思东西方文明和人类社会发展的强烈震撼力,这使得韦伯思想远远超出其所处时代和自己所属国家的地域限制,自 1920 年韦伯去世,到 20 世纪 80 年代,经过近 60 年欧美世界的韦伯学诠释的发展,人们终于发现,韦伯学并未因韦伯自己曾经预言过时而遭淘汰,恰恰相反,自 20 世纪 80 年代开始,先在美国,继而在德国及欧洲,进而在日本、中国台湾和大陆,乃至整个世界范围内,掀起了轰轰烈烈的"韦伯热",一场世界范围的韦伯复兴运动如火如荼地展开,直到 21 世纪的今天仍然有继续扩展之势。可以说,这次空前规模的韦伯复兴,以 1981 年德国开始出版《韦伯全集》为起点,以世界范围内众多学者投入韦伯学研究为标志,无数的人们开始争论韦伯、品评韦伯、思考韦伯,目的无非是想超越韦伯!

关于当代人们是否已经超越了韦伯,这是仁者见仁、智者见智的问题,这里不加评述。我们需要重点关注的倒是韦伯热兴起的原因。其实,关于这个问题,在韦伯热兴起之初已经有许多学者敏锐地看到了问题的关键所在,这其中,苏国勋教授的看法很有启发性,苏国勋教授在《理性化及其限制——韦伯思想引论》一书中指出:"遍及各国学术界的研究韦伯热潮的兴起,固然有许多其他外在原因,例如一些国家经济腾飞的形势、社会的现代化发展问题以及资本主义世界的文化冲突问题,等等,但最根本的原因,在笔者看来,在于韦伯思想的深刻内涵和他方法论中的诱人魅力。顺便提及,当人们对传统社会学方法论进行反思时,往往都从古典社会学家思想中去汲取营养,在这样做时大多追溯韦伯的'理解的社会学'思想,当然这不意味着完全照抄韦伯或全部退回到韦伯,而是试图对古典大师们的思想加以某种辩证的综合,以寻求克服当代社会学理论危机的出路——所有这一切表明,马克斯·韦伯的思想遗产今天已成为完全对立的不同流派的社会学理论和方法论的重要组成部分。"①

---

① 苏国勋:《理性化及其限制——韦伯思想引论》,上海人民出版社 1988 年版,第 317 页

第十二章 韦伯社会法学
思想的当代意义

韦伯是一个大人物,同时,韦伯也的确是一个复杂的人物,甚至被人们认为是一个传奇性的人物。对韦伯思想的评价,在学者间存在着两种倾向:一派认为,韦伯在社会学和社会法学的创建时期所做的奠基性工作是任何人都无法比拟的;另一派则认为,韦伯思想没有多少创建性。笔者看来,人们之所以对韦伯思想的评价存在很大差异,完全符合人类思想发展史上的一个重要规律或者现象,即凡是对人类思想有重要启迪和作出巨大贡献的思想家,特别是思想大家,人们对其思想价值的争议和挖掘都是不可避免和难以划一的,而这也恰恰是思想家的思想魅力所在。

这里需要特别强调的是,无论是在国外还是在国内,对韦伯的研究论著都是大量的。可以说,难以计数的著名学者都对韦伯思想作出了自己的评论、诠释,我们这里谈学者论韦伯,显然不是要总结所有学者对韦伯研究的贡献,而是从说明韦伯社会法学思想当代意义和价值的角度,采取挂一漏万的例举方式,评论韦伯学说的价值。

一、国外学者论韦伯

1. 美国学者帕森斯、米切尔论韦伯

对于韦伯评价甚高的学者,在国外,除了韦伯自己的祖国——德国的部分学者外,"美国的社会科学家对他的著作尤其赞赏"①。如 20 世纪中叶美国韦伯著作翻译和研究的始作俑者、著名社会学家帕森斯则是推崇韦伯学说的典型代表。

帕森斯评价韦伯的经典名句包括:"和许多伟大的社会学家一样,韦伯的思想像一座宝矿,深邃奥秘,永远发掘不完。从这个角度来看,韦伯实在是我们社会学界一位不朽的思想家。"②"韦伯关于资本主义的社会学研究,已经对马克思主义的历史唯物主义作出了有力的挑战。"③

美国另一位著名的社会学家米切尔(Mitchell)教授在《社会学一百年》这部著作中,则具体比较了韦伯与杜尔凯姆的贡献。他说:"杜尔凯姆的主要贡献是将社会学和人类学结合在一起,并创造出一些有助于这两个学科以旧有的方式共同发展的共同概念。而韦伯的成就则更为深远,因为他将社会学思想的科学传统和德国学术界的历史传统结合在一起。如果说杜尔凯姆的主要兴趣是社会结构的分析,那么韦伯的贡献则是通过社

---

① [美]莱因哈特·本迪克斯:《马克斯·韦伯思想肖像》初版导言,上海人民出版社 2002 年版,第 1 页。

② [美]帕森斯:《马克斯·韦伯与我》,见 Robert K. Merton, Matilda White Riley 编,陈耀祖译:《美国社会学传统》,台北巨流图书公司 1987 年版,第 64 页。

③ Parsons, T., The Structure of Social Action, New York: The Free Press, 1968, p. 510.

会过程的分析来了解社会结构。"①

2.德国学者迪尔克·克斯勒、托马斯·莱塞尔论韦伯

当然,对韦伯的评价,也有另外一种声音。如德国学者迪尔克·克斯勒写到:"韦伯没有发展出新的社会学理论。在严格的科学理论的意义上,他没有为社会学提供任何'理论'。在这个范围里,他的工作是无止境的大量的定理、前提、建议、命题、假设和少量的公则定律构成的。缺乏系统、存在矛盾,以及精确细密程度不一,使他的全部作品成了并且仍然被作为一个巨大的'采矿场',人们可以在其中——实际上也已经这样做了——发掘、探寻、惊叹和检阅观察。"②"韦伯没有发现任何以前未曾发现的问题领域,或者他没有独自地发现这样的问题领域。现代资本主义起源及影响研究,社会规则对个体社会行动的限制作用研究,物质环境及发展过程的规范前提条件研究,规范规则的物质的与社会的前提条件研究,等等这些问题,都是韦伯以前和以后的社会学家们——独立于他以外——已经有所涉及探讨的问题。"③尽管如此,迪尔克·克斯勒也还是承认:"韦伯已成为当今世界上一个无可争议的社会学'经典'人物。在这一学科,没有一部学科词典、学科史著作或教科书不把他的名字放到中心位置加以介绍并强调他对学科发展的权威影响。这种情况与我们前面所述他生前的境遇和时代形成了鲜

---

① Mitchell,G. D , A Hundred Years of Socilogy, Chicago: Aldine Publishing Company, 1968,p. 84.

② [德]迪尔克·克斯勒:《马克斯·韦伯的生平、著述及影响》,法律出版社2000年版,第273页。

③ [德]迪尔克·克斯勒:《马克斯·韦伯的生平、著述及影响》,法律出版社2000年版,第273~274页。

明的对照。虽然塔考特·帕森斯以来,国际社会学的发展路向已经有所变化,但是,数十年来,如果没有韦伯这位德国学者的著作,国家社会学的发展不会是今天这个样子,不会光耀人们以今天这样的面貌。近年来,随着'现实社会主义'的结束和马克思、恩格斯、列宁等经典作家的'辞别',人们对有着'资产阶级的马克思'之称的韦伯的兴趣进一步增长了。从阿拉斯加到巴西,从日本到莫斯科,当代的社会学研究和讲授,都已不可能不提及韦伯的名字。"①"韦伯就是在这样一种国内外情势中,地位影响逐渐上升,最终达到与马克思、杜尔凯姆鼎足而立,成为国际'社会学三重镇'之一的。"②

另一位德国社会法学家托马斯·莱塞尔在《法社会学导论》中对韦伯社会法学理论的评价与迪尔克·克斯勒对韦伯的整体评价有异曲同工之处。托马斯·莱塞尔指出:"与韦伯其他作品相比,人们对韦伯《法社会学》著作的反响小的惊人。人们必须说:直到最近,社会学家和法学家才真正接受该论著。就社会学家而言,人们可以看出,他们并不熟悉法律,这种现象只能慢慢予以消除。至于法学家缺乏接受积极性的原因,韦伯自己认为,他过分强调了实然和应然、经验观察方法和规范观察方法的分离;另外,他一直严格坚持不对法律教条主义问题发表自己的看法。"③尽管如此,从更宽泛的角度来说,或者说,

---

① [德]迪尔克·克斯勒:《马克斯·韦伯的生平、著述及影响》,法律出版社2000年版,第267页。

② [德]迪尔克·克斯勒:《马克斯·韦伯的生平、著述及影响》,法律出版社2000年版,第268页。

③ [德]托马斯·莱塞尔:《法社会学导论》,上海人民出版社2008年版,第97页。

如果从整体上来评价韦伯的社会法学理论,托马斯·莱塞尔指出,必须看到:"马克斯·韦伯撰写了大量的关于社会学和宗教学及经济社会学理论的论文,包括许多有关政治、当时社会问题的讲演和文章。他的论著涉及了一个巨大的文化历史知识宝藏,例如,它们不仅论及犹太史和基督史,而且以相同的权威论述了印度教、孔夫子主义或者伊斯兰的宗教历史。即使在今天的社会学中,韦伯依然处于整个世界的中心地位,他的思想、理论观念和研究结果到处存在,而且被引注和阐释。"①

3. 法国学者雷蒙·阿隆论韦伯

法国社会学家雷蒙·阿隆在评价韦伯的时候,提出"韦伯永远是我们的同时代人"②。阿隆论证说,我们之所以将韦伯称之为"我们的同时代人",是因为:首先,韦伯同伟大的思想家一样,著述宏丰,而其后的每一代人又都在阅读、思考并用不同的方法解读这些著作;其次,韦伯为我们提供了到目前为止还仍然有意义的东西,如果考虑到现代社会学在韦伯之后的发展,我们还可以说,韦伯之所以是我们的同时代人,还是因为至今为止,韦伯提出的解释社会学已经成为当代社会学的最流行的范式之一,而韦伯提出的诸如理解、理想类型、价值中立和价值关联、科层制与理性化等术语,也是任何一位当代社会学家不能不使用的概念。

4. 英国学者科特威尔、韦恩·莫里森论韦伯

---

① [德]托马斯·莱塞尔:《法社会学导论》,上海人民出版社 2008 年版,第 83 页。

② [法]雷蒙·阿隆:《社会学主要思潮》,上海译文出版社 1988 年版,第 602 页。

英国社会法学者科特威尔更认为:"由于韦伯对法的社会学分析所作的贡献是如此的丰富和详尽,以至于使他的学说至今还让人们叹为观止。他所阐述过的法律方面的问题和领域,在以后的论著中几乎无人敢涉足。"①

英国学者韦恩·莫里森(Wayne Morrison)说:"在现代社会学之父——卡尔·马克思、埃米尔·涂尔干、马克斯·韦伯等人中,马克斯·韦伯的影响最不夸张,然而最为广泛。"②

二、中国学者论韦伯

1. 我国台湾学者论韦伯

自 20 世纪 60 年代以后,我国台湾有众多著名学者参与了"韦伯复兴"的研究,限于时间和篇幅,这里不能展开。这里仅从韦伯社会法学思想的当代意义角度,选取顾忠华教授在《韦伯学说》一书中对韦伯的评价,以期以点窥面。

顾忠华教授将韦伯思想的意义和价值归纳为以下五点③:

第一,韦伯对近代西方所以发展出"理性的"经济组织、法律政治制度、科技知识以及与此相配合的生活安排等现象有相当完备的一套历史性解释。他在解释西方之独特发展时并未偏废"精神"与"物质"的任何一面,而能够较妥当地让种种型塑着西方文明的因子,如宗教、政治、城市、中产阶级、科层官僚制等在整体发展过程中各有一席之地,它们彼此之间的相互作

---

① [英]科特威尔:《法律社会学导论》,华夏出版社 1989 年版,第 173 ~ 174 页。

② [英]韦恩·莫里森:《法理学》,武汉大学出版社 2003 年版,第 288 ~ 289 页。

③ 参见顾忠华:《韦伯学说》,广西师范大学出版社 2004 年版,第 64 ~ 66 页。

用穿插交织成一幅更接近历史真实的多彩图案。这样的解释模型毋宁是较唯心或唯物式的史观来得平衡。

第二，韦伯以"理性化"概念统摄了西方社会发展的基本性格，并以"世界史"（universal history）的广阔视野来比较人类文明中曾经产生过的不同"理性主义"类型。可以说，他同时兼顾到强调"发展"的贯时性观点（diachronal perspective）以及注重"均衡"的同时性观点（snychronal perspective），这使得他的社会学研究对象在时空上纵贯古今，横跨东西，包含了取之不尽之题材。如果说马克思以辩证唯物史观建立了一个庞大而封闭的理论体系（历史阶段论），那么韦伯在他并不那么系统化，却有着中心主轴的历史社会学著作中，提供了一套"开放性"的理论，能够容纳各种多元性发展的解释余地。

第三，韦伯面对高度复杂的历史因果解释与社会行动之意义的理解问题时，从未采取逃避或化约的做法。透过"理念型"的执简驭繁功能，韦伯冷静而实际地分析社会生活中存在的影响势力和其运作律则；他秉持"价值中立"的自觉意识，游刃于人类具体经验的浩瀚资料中，进行无与伦比的"思想实验"。为了层层剥开社会的实相，他更从事吃力繁重的概念定义工作，这些经由不断锤炼方始完成的思想结晶，象征着社会学通过了成熟度的考验，能够作为一门独立的学科，承担起知识启蒙的任务。不论是在探究现代社会之结构特征、组织形态、典章制度、阶级组成与社会变迁等普遍课题上，或是提升社会学对现代文化发展的敏感性和反省力上，韦伯丰富的精神遗产都持续地发挥其导航作用。

第四，韦伯的思想风格与政治关怀固然深受其生长时代的影响,某些立场主张不免在后世遭到质疑,但新近的韦伯诠释和研究对他的学说内容不断地扬长补短,并且借着与其他各家各派的对话展露出韦伯论点更清楚的轮廓。现今国际学术论坛上的"韦伯复兴"热潮迄未有消退的迹象,他曾提出过的多重问题意识,如宗教与经济的关系、资本主义兴起和扩散的问题,以及"现代性"的内在质素等,仍在引起非西方学者参与讨论的兴趣。这一连串重估西方迈向现代的历程,俾与非西方地区文化传统之转型相对照的新兴研究领域,无疑大大地扩展了不同观点交融的机会。

　　最后也是最重要的一点则是,韦伯并未如启蒙时代的思想家般,一味乐观地歌颂着"进步"。他在 20 世纪初期便忧心忡忡地提出警告,认为"理性化"本身的"吊诡"亦给人类带来不可欲的发展后果:一方面是现代职业人对人生意义的麻木与漠然,使得"没有精神的专家,没有情感的享乐者"反映出现代生活中空虚彷徨的文化危机;另一方面是科层式官僚组织无限地扩张,造成对人自由的钳制约束——韦伯在试图描述西方社会的未来前景时,早已重重地画上了一片阴霾。韦伯当时沉重指出的危机现象,对生活在现代的有识之士而言绝非危言耸听,现代科技的高度发展并不能解决意义丧失与人类渴望自由自主的根本问题,甚至反而加深了这些问题的严重程度。或许正因为韦伯仍然坚持着人文精神的理想,他的作品并非只是抽象概念或一些不痛不痒的分析而已;他在追问"西方何以会成为今日的西方",同时,也深深地关切到现代人的未来命运——诚如诠释者所指出,韦伯从未给予过任何乌托邦式的承诺,也不欲提供任何廉价式的确定答案。对韦伯来说,在揭开了一切神秘面纱的现代"世界"里，每一个人唯有从建立自我独立的"人格"上着手，以清醒理智的态度、"责任伦理"的处世精神来应对现代生活中瞬息万变的"当下挑战"。

2. 我国大陆学者论韦伯

20 世纪 80 年代开始，随着"韦伯热"在中国大陆的兴起，韦伯赢得了绝大多数涉猎其思想的中国大陆学者持续的赞赏，这里不全面展开，仍然只是从韦伯理论的价值意义角度引用郭峰先生的一段评价："马克斯·韦伯是这样一位思想家、学者，他出生在德国这块欧洲文化底蕴深厚、世界级思想大师辈出的土地上，生活于欧洲近代资本主义发展、世界范围的工业化进程步调加快氛围下德国'经济起飞'、农业国家向工业国家转型的时代，他热爱自己的民族、国家，希望民族强盛、国家繁荣，同时也对人类的共同命运有着深切的关怀。他为求真而探索这个世界'是什么'，更为求善而思考这个世界'应当是什么'，什么样的社会是人类共同的适宜生活于其中的'好'的社会。他是一个民族主义者，民族和民族文化自豪感及对德国经济、政治发展一度处于落后地位的焦虑铸就了他的灵魂。他也是一个人类文明进步主义者，从研究资本主义的物质文化和精神文化起源、法的和伦理的力量对经济的、政治的和社会的秩序形成的影响入手，比较西方文化和非西方文化，为历史的、现实的各种文明把脉、诊断，探寻适宜于整个人类文明进步的社会、经济、政治和文化生活方式，寻找解决人类社会现实发展问题的答案，构成了他毕生学术追求的主题。也就是说，民族魂和人类命运关怀是韦伯的思想和学术性格所在，并成就了他知识渊博、眼界开阔、思想深刻、富于灵感、创见迭出、跋涉于法学、经济学、社会学、政治学、历史、哲学、宗教诸多人文社会科学领域而皆能多有建树、予人启迪的一生。民族和人类命运的双重关怀,双重关怀下的学术研究与思想成果,使韦伯这位德国思想家、学者不仅属于德国,也属于世界。"①

---

① 参见[德]迪尔克·克斯勒:《马克斯·韦伯的生平、著述及影响》一书的译者前言,法律出版社 2000 年版。

主要参考文献

1. ［德］玛丽安妮·韦伯:《马克斯·韦伯传》,江苏人民出版社 2002 年版。

2. ［德］迪尔克·克斯勒:《马克斯·韦伯的生平、著述及影响》,法律出版社 2000 年版。

3. ［美］帕森斯:《马克斯·韦伯与我》,台北巨流图书公司 1987 年版。

4. ［英］科特威尔:《法律社会学导论》,华夏出版社 1989 年版。

5. ［德］马克斯·韦伯:《新教伦理与资本主义精神》,生活·读书·新知三联书店 1987 年版。

6. ［德］马克斯·韦伯:《社会科学方法论》,中国人民大学出版社 1996 年版。

7. ［德］马克斯·韦伯:《经济与社会》(上、下卷),商务印书馆 1997 年版。

8. ［德］马克斯·韦伯:《论经济与社会中的法律》,中国大百科全书出版社 1998 年版。

9. ［德］马克斯·韦伯:《经济、诸社会领域及权力》,生活·读书·新知三联书店 1998 年版。

10. ［德］马克斯·韦伯:《儒教与道教》,江苏人民出版社 1995

年版。

11. [德]马克斯·韦伯:《儒教与道教》,商务印书馆 2002 年版。

12. [德]马克斯·韦伯:《韦伯作品集》,广西师范大学出版社 2005 年版。包括(Ⅰ)《学术与政治》;(Ⅱ)《经济与历史 支配的类型》;(Ⅲ)《支配社会学》;(Ⅳ)《经济行动与社会 团体》;(Ⅴ)《中国的宗教 宗教与世界》;(Ⅵ)非正当性的 支配——城市的类型学》;(Ⅶ)《社会学的基本概念》;(Ⅷ) 《宗教社会学》;(Ⅸ)《法律社会学》。

13. [法]让·卡泽纳弗:《社会学十大概念》,上海人民出版社 2003 年版。

14. 顾忠华:《科恩、韦伯和社会科学的典范问题》,《当代》,第 123 期,1998 年。

15. 苏国勋:《理性化及其限制——韦伯思想引论》,上海人民出 版社 1988 年版。

16. [美]伯尔曼:《法律与革命——西方法律传统的形成》,中 国大百科全书出版 1993 年版。

17. [英]斯密:《道德情操论》,商务印书馆 1997 年版。

18. [英]斯密:《国民财富的性质和原因的研究》,商务印书馆 1979 年版。

19. 贾春增主编:《外国社会学史》,中国人民大学出版社 2000 年版。

20. [美]莱因哈特·本迪克斯:《马克斯·韦伯思想肖像》,上 海人民出版社 2007 年版。

21. 郑涌:《韦伯》,香港开明出版社、中华书局(香港)有限公司

1997 年版。

22. 周晓虹:《西方社会学:历史与体系》(第 1 卷),上海人民出版社 2002 年版。

23. 马克思、恩格斯:《马克思恩格斯选集》(第 1—4 卷),人民出版社 1972 年版。

24. 陆自荣、李向平:《哈贝马斯与韦伯合理性理论之比较》,载《中国青年政治学院学报》,2004 年第 2 期。

25. 顾忠华:《韦伯〈新教伦理与资本主义精神〉导读》,广西师范大学出版社 2005 年版。

26. [德]哈贝马斯:《在事实与规范之间——关于法律和民主法治国的商谈理论》,生活·读书·新知三联书店 2003 年版。

27. 顾忠华:《韦伯学说》,广西师范大学出版社 2004 年版。

28. [法]雷蒙·阿隆:《社会学主要思潮》,上海译文出版社 1988 年版。

29. [英]韦恩·莫里森:《法理学》,武汉大学出版社 2003 年版。

30. [德]歌德:《歌德的格言和感想录》,中国社会科学出版社 1985 年版。

30. [英]威廉姆·奥斯维特:《哈贝马斯》,黑龙江人民出版社 1999 年版。

31. [德]哈贝马斯:《交往行为理论》(第 1 卷),上海人民出版社 2004 年版。

32. [德]哈贝马斯:《合法化危机》,上海人民出版社 2000 年版。

33. [德]托马斯·莱塞尔:《法社会学导论》,上海人民出版社

2008 年版。

34. [法]迪尔凯姆:《社会学方法的准则》,商务印书馆 1995
年版。

35. [法]奥古斯特·孔德:《论实证精神》,商务印书馆 1996
年版。

36. 谷春德主编、史彤彪副主编:《西方法律思想史》(第二版),
中国人民大学出版社 2007 年版。

37. 吕世伦主编、王振东副主编:《西方法律思潮源流论》,中国
人民大学出版社 2008 年版。

38. 王振东:《现代西方法学流派》,中国人民大学出版社 2006
年版。

39. 徐爱国主编:《世界著名十大法学家评传》,人民法院出版社
2008 年版。

40. 徐爱国、王振东主编:《西方法律思想史》,北京大学出版社
2003 年版。

41. [英]唐纳德·麦克雷:《韦伯:社会思想的冠冕》,上海书店
1987 年版。

42. [德]卡尔·雅斯贝尔斯:《论韦伯》,台北桂冠出版社 1992
年版。

43. [德]沃尔夫冈·施路赫特:《理性化与官僚化》,广西师范
大学出版社 2004 年版。

44. [日]金子荣一:《韦伯的比较社会学》,台北水牛出版社
1980 年版。

45. 张维安、陈介玄、翟本瑞:《韦伯论西方社会的合理化》,台北
巨流出版社 1989 年版。

46. 张维安、陈介玄、翟本瑞:《社会的实体与方法:韦伯的社会学方法论》,台北巨流出版社 1989 年版。

47. 陈向澜:《理性与管理:论韦伯的管理哲学及其影响》,吉林人民出版社 2006 年版。

48. 朱元发:《韦伯思想概论》,台北远流出版社 1990 年版。

49. [美]彼德·布劳、马歇尔·梅耶:《现代社会中的科层制》,学林出版社 2001 年版。

50. 高鸿钧等著:《商谈法哲学与民主法治国——〈在事实与规范之间〉阅读》,清华大学出版社 2007 年版。

51. 吴庚:《政法理论与法学方法》,中国人民大学出版社 2007 年版。

52. 张之沧、林丹编著:《当代西方哲学》,人民出版社 2007 年版。

53. [美]哈特穆特·莱曼、京特·罗特编:《韦伯的新教伦理:由来、根据和背景》,辽宁教育出版社 2001 年版。

54. [瑞典]理查德·斯维德伯格:《马克斯·韦伯与经济社会学思想》,商务印书馆 2007 年版。

55. 朱景文:《比较法社会学的框架和方法:法制化、本土化和全球化》,中国人民大学出版社 2001 年版。

56. 郑戈:《马克斯·韦伯的法学研究方法》;林端:《韦伯法律社会学的两大面向》;顾忠华:《韦伯的政治社会学——政治权威的性质及其限制》;李猛:《英国法问题:法治国的实质理性与现实理性》;任强:《西方法律传统的类型研究及其局限——韦伯法律思想述评》。以上论文均见高鸿钧、马剑银编:《社会理论之法:解读与评析》一书,清华大学出版社

2006 年版。

57. Parsons T, Value – Freedom and Objectivity, in Stammer, ed, Max Weber and Sociology Today, New York: Harper & Row, Publishers, 1971.

58. Kalberg S, Max Weber's Comparative – Historical Sociology, Chicago: University of Chicago Press, 1994.

59. Parsons T, The Structure of Social Action, New York: The Free Press, 1968.

60. Mitchell D, A Hundred Years of Socilogy, Chicago: Aldine Publishing Company, 1968.

61. Max Weber, Essays in Sociology, New York: Oxford University Press, 1946.

62. Max Weber, The Theory of Social and Economic Organization, fondon: Oxford University Press, 1947.

63. Max Weber on the Methodology of the Social Science, Glencoe: The Free Press, 1949.

64. Max Weber, General Economic History, Glencoe: The Free Press, 1950.

65. Max Weber, The Religion of China: Confucianism and Taoism, Glencoe: The Free Press, 1951.

66. Max Weber, Ancient Judaism, Glencoe: The Free Press, 1952.

67. Max Weber on Law in Economy and Society, Cambridge: Harvard University Press, 1954.

68. Max Weber, The Religion of India: The Sociology of Hinduism and Buddhism, Glencoe: The Free Press, 1958.

69. Max Weber, The City, Glencoe: The Free Press, 1958.

70. Max Weber, The Protestant Ethic and the Spirit of Capitalism, London: George Allen& Unwin, 1930. New York: Charles Scribner's Sons, 1958.

71. Max Weber, Economy and Society: An Outline of Interpretive Sociology, New York: Bedminster Press, 1968.

72. Lewis John, Max Weber and Value – free Sociology A Marxist Critique, Lundon, 1972.

73. David Trubek, Max Weber on Law and the Rise of Capitalism, 3 Wisconsin Law Review720, 1972.

74. Martin Spencer, Weber on Legitimate Norm and Authority , 2British Journal of Sociology 21, 1970.

75. Beetham David, Max Weber and the Theory of Modern Politics, Lundon, Allen & Unwin, 1974.

76. Bendix Reinhard, Max Weber: An Intellectual Portrait, New York, 1960.

后　记

　　伟大的歌德曾经说过:"凡是值得思考的事情,没有不是被人思考过的;我们必须做的只是试图重新加以思考而已——可是你的职责是什么呢? 就是当前现实的要求。"(歌德:《歌德的格言和感想录》,中国社会科学出版社 1985 年版,第 3 页。)

　　韦伯的思想是庞大的,其社会法学思想是深刻而全面的。同时,借用一句套话,任何人、任何思想也都有其历史局限性。韦伯从社会法学的角度,对儒学、对传统中国社会、对传统中国社会的法律的分析不可谓不独到和深刻,特别是他提出儒学及其相伴而生的传统中国法律不能促进资本主义发展的所谓"亚洲命题",不仅为许多带有偏见和不带有偏见的西方学者所赞赏,而且在相当长的一段时期内被中国和一些亚洲国家的学者所附和,有人似乎还在中国 20 世纪 80 年代甚至 90 年代以前的历史进程中找到了所谓的现实依据。然而,往事可堪回首,只是不能比今日。当亚洲"四小龙"经济起飞,特别是当中国市场经济体制确立,近年来以令世界刮目的发展速度而开始中国伟大复兴的历史进程的时候,有谁又能说聪明、智慧、勤劳、勇敢的中国人不能身后背着《论语》、手中拿着算盘而建构中国特色的资本的天堂呢?

我们坚信,韦伯"亚洲命题"注定要彻底破产。然而,这一已经启动的历史进程同世界范围内的"韦伯复兴"又是相伴而行的。前面已经提到,从世界范围内看,"韦伯复兴"首先在美国,继而在德国,进而在日本,接着在 20 世纪 80 年代以后的中国蓬勃展开。一般认为,1964 年韦伯诞辰 100 周年时大规模的纪念活动标志着"韦伯复兴"高潮的到来,自此以后,世界范围内的许多学者以极大的热情开始投入大量的精力研究和争议韦伯。这里,限于篇幅,作者不想对世界范围内"韦伯复兴"的过程进行详细的描述,只想指出一点:"韦伯复兴"的原因之一在于韦伯思想,包括其社会法学思想的本质魅力,这就是以思想学术锻造增强民族国家实力、振兴或者复兴民族辉煌基石的伟大精神。而这恰恰也是中国当代的时代要求,韦伯思想的这种宏观上的特性,需要我们认真对待。

除此以外,从社会法学思想角度来看,韦伯提出的社会法学的一些概念、原则、原理、命题,以及法学研究方法等都需要我们认真对待韦伯。

具体说,韦伯社会法学思想中尤其值得我们关注和富有启发性的思想至少包括:他关于解释的法学方法论和"无涉个人意念"的法学方法论的研究;他关于"法律类型"的研究;他关于形式合理性法律的研究;他关于"国家的法律"与"超国家的法律"的研究;他关于统治类型的研究;他关于官僚机构管理的彻底的非人格化的研究;他关于科层制的研究;他关于资本主义法律与精神的研究;他关于宗教伦理与法律取向的研究;他关于法律与理性的研究;他关于法律与现代性的研究等等,这些思想仍然对时下的中国法学家们思考社会法学问题有着重要的启迪意义，甚至韦伯思考的一些命题本身就须要后人根据现实情况进行复次的思考！从这个意义上说，莫里森的下述看法可能是对的："肯定地讲，尽管在分析现代性，但马克斯·韦伯已经说起了后现代语言。"①

总之，马克斯·韦伯运用经验的、社会实证的、解释的、类型学的方法研究法律现象，他把社会法学作为一门具有法律意义的社会行为科学看待，将法律放在整个社会的大环境下进行研究，这对社会法学的定向和发展产生了实质性的重要影响。作为一个社会法学家，韦伯并不关心法律的具体内容为何，而是专注于探讨法律与其他社会现象的关系，并借助于"理性"和法律类型学的观念和方法，重点考察东西方法律的现实与发展，为资本主义的发展前车指路，这些很值得时下的中国学者察之、思之。

---

① ［英］韦恩·莫里森：《法理学》，武汉大学出版社 2003 年版，第 289 页。